This Book Offers Free Bonus Puzzles

Available Here:

BestActivityBooks.com/WSBONUS20

5 TIPS TO START!

1) HOW TO SOLVE

The Puzzles are in a Classic Format:

- Words are hidden without breaks (no spaces, dashes, ...)
- Orientation: Forward & Backward, Up & Down or in Diagonal (can be in both directions)
- Words can overlap or cross each other

2) LEVEL UP THE GAME!

A space is provided next to each word to write new ones, translations or notes. We also offer a convenient **NOTEBOOK** at the end of this edition. It can help you organize your annotations, new words and/or observations.

3) TAG YOUR WORDS

Have you tried using a tag system? For example, you could mark the words which have been difficult to find with a cross, the ones you loved with a star, new words with a triangle, rare words with a diamond and so on...

4) EASY TO CUT!

The Puzzles come with an Extra Large margin to easily cut the page out of the book. Some people may feel it more convenient to solve them this way.

5) FINISHED?

Go to the bonus section: **MONSTER CHALLENGE** to find a free game offered at the end of this edition!

Want **more fun** and activities to **relax? It's Fast and Simple!** An entire Game Book Collection **just one click away!**

Find your next challenge at:

BestActivityBooks.com/MyNextWordSearch

Ready, Set... Go!

Did you know there are around 7,000 different languages in the world? Words are precious.

We love languages and have been working hard to make the highest quality books for you. Our ingredients?

One part easy-to-read print, three parts entertainment, then we add some challenging words and a pinch of rare ones. We brew them with care to serve you lots of fun and an opportunity to solve the best puzzles.

Your feedback is essential. You can be an active participant in the success of this book by leaving us a review. Tell us what you liked most in this edition!

Here is a short link which will take you to your Amazon orders review page.

BestBooksActivity.com/Review50

Thanks for your fidelity and enjoy the Game!

Delta Classics Team

Puzzle 1

```
R  I  F  M  I  N  N  I  X  B  Z  H  N  S  W
E  N  O  Q  O  U  S  K  G  G  D  C  R  N  B
I  T  R  M  B  Ð  Q  Æ  G  G  W  U  Ó  E  A
Ð  Y  M  Z  W  G  L  W  L  E  N  G  J  R  R
N  E  Y  Z  E  E  V  C  G  G  H  J  T  T  Á
H  R  Q  N  B  H  U  A  T  S  Æ  H  S  I  T
N  B  L  Ó  M  R  F  N  S  E  E  T  S  N  T
Á  L  I  S  T  A  A  F  R  L  R  F  I  G  A
L  Ö  W  U  A  V  B  A  Æ  J  X  U  K  U  N
Æ  J  K  K  O  S  I  H  F  A  M  D  Í  N  U
G  F  I  S  A  I  L  F  R  V  T  Á  R  P  C
T  P  L  B  L  V  A  W  I  E  R  I  L  P  T
U  A  U  R  L  T  E  I  F  T  G  L  B  I  Q
Q  A  T  N  G  X  B  V  Y  T  L  S  P  T  Ð
```

FORM
FJÖLBREYTNI
RÍKISSTJÓRN
HEGÐUN
SELJA
YFIRFÆRST
HAFNA
SÆLGÆTI
DUFT
BARÁTTAN

BLÓM
REIÐ
MINNI
LISTA
NÁLÆGT
TVISVAR
HÆSTA
SNERTINGU
MÁLIÐ
SOKK

Puzzle 2

```
U  C  H  S  R  I  T  H  Ö  F  U  N  D  U  R
G  P  T  N  Ö  U  W  I  F  X  J  S  R  X  H
Q  X  N  Y  A  G  E  L  U  S  S  I  V  S  O
L  Y  C  D  M  F  N  B  R  E  Y  T  I  N  G
Ý  L  Ý  Ð  R  Æ  Ð  I  S  L  E  G  T  B  H
R  T  A  V  Þ  P  E  L  G  Q  M  E  H  Y  L
R  S  T  J  É  D  M  Y  F  Z  J  R  Ó  R  Ý
M  M  J  U  R  T  D  U  S  L  Ó  L  T  J  Ð
L  F  J  T  B  O  Á  P  W  H  L  E  E  A  A
N  P  B  I  O  I  Ð  R  E  G  K  N  L  T  F
H  K  I  F  F  N  N  A  M  G  K  D  G  E  P
H  U  N  D  R  U  Ð  V  Y  O  J  U  M  M  T
J  L  M  P  N  N  I  T  O  R  B  M  U  I  K
Z  O  J  J  U  K  S  Ú  U  K  E  T  C  X  T
```

MANN	BYRJA
ERLENDUM	ÝTTU
META	HÓTEL
HUNDRUÐ	MJÓLK
GERÐI	TÁR
VISSULEGA	ÞÉR
RITHÖFUNDUR	LÝÐRÆÐISLEGT
BREYTING	SÖGN
HLÝÐA	FITU
BROTINN	ÚTVARP

Puzzle 3

```
B E T S T F K F Q R D E D Z B
Y Q T V M L E J Z T H M O P X
Q M F A E U T Ö N Z V V E T K
U T R N S G T R Á F I T R É C
M K D G A D L U K R A P C D H
F Á O U F R I T V M E T F R I
K R N R N E N Í Æ L P F B E T
Z W A U G K G U M J K É Y G A
B B Ð M D A U H L D Ö L O I M
G N Æ L U A R S E I L L J N Æ
Y F R R D N G X G B L G Á N L
Q Q G X J M D U A R U L Ö M I
B A N N A B S A R G Ð B Q C Z
J Á K V Æ T T Y N P V V I S M
```

FRAMUNDAN	KETTLINGUR
KÖLLUÐ	JÁKVÆTT
HITAMÆLI	SAFN
FLUGDREKA	GRÆÐA
DREGINN	TRÉ
MÁNUDAGUR	BANNA
SVANGUR	FÉLL
MÖLUR	PARK
MET	NÁKVÆMLEGA
MÁL	FJÖRUTÍU

Puzzle 4

```
O  Y  E  Z  V  Q  G  W  L  O  R  Y  W  C  K
M  E  T  N  A  Ð  U  R  E  V  U  X  U  G  Y
L  V  S  M  U  I  N  N  I  N  P  P  E  K  N
Ú  I  U  F  A  E  U  H  Ð  T  T  E  V  A  N
X  S  G  D  T  U  J  O  T  G  V  W  Q  X  A
U  T  U  T  Æ  A  R  T  O  S  T  A  Ð  A  R
S  I  V  N  M  P  Y  N  G  E  L  Ý  N  O  A
V  R  L  R  L  L  B  Y  I  Z  Y  D  E  F  H
K  R  A  B  B  I  V  E  T  R  A  R  F  R  Í
H  Æ  F  N  I  S  P  R  Ó  F  H  E  L  V  Z
Q  D  B  R  Ú  Ð  K  A  U  P  I  E  H  W  B
C  U  R  R  A  N  T  F  F  B  B  W  L  A  L
F  A  T  A  S  K  Á  P  U  R  H  Q  R  L  T
L  A  D  Y  B  I  R  D  T  Y  S  E  O  S  A
```

MAUR	HÆFNISPRÓF
GUST	FATASKÁPUR
HELLA	MÆTA
KRABBI	KYNNA
LADYBIRD	METNAÐUR
BRÚÐKAUP	KEPPNINNI
VISTIR	NÝLEG
STAÐAR	BYRJUN
VETRARFRÍ	LEIÐTOGI
LÚXUS	CURRANT

Puzzle 5

```
M  N  O  S  I  B  S  J  Á  L  F  I  R  S  T
F  I  T  Þ  Á  G  R  Á  Ð  U  S  R  I  V  Í
H  Q  N  F  E  P  F  P  Q  N  Q  H  L  E  M
I  G  A  N  K  G  U  V  F  E  P  Q  V  I  A
P  S  M  Q  I  O  A  Y  V  M  T  I  R  G  L
P  M  A  R  O  S  L  R  Q  A  F  A  T  J  E
O  Y  S  A  P  I  B  J  R  N  S  O  W  A  N
V  E  L  D  I  O  L  Ó  U  D  M  F  J  N  G
I  N  N  S  I  G  L  I  K  A  F  E  Q  L  D
R  E  Y  N  S  L  U  U  E  S  A  C  N  E  P
H  R  E  Y  F  I  N  G  S  Q  X  G  E  G  W
A  L  Þ  J  Ó  Ð  L  E  G  A  Q  U  Q  T  V
W  X  Z  Y  S  X  C  A  I  L  R  C  M  N  A
T  G  H  D  J  O  Q  O  R  X  W  U  H  L  B
```

HIPPO	LAUF
SJÁLFIR	MINNISBÓK
SEKUR	SVEIGJANLEGT
PENCASE	SÁPU
TÍMALENGD	GRÁÐU
SAMAN	ÞEGAR
HREYFING	ALÞJÓÐLEGA
VELDI	INNSIGLI
BISON	NEMANDA
FAT	REYNSLU

Puzzle 6

```
R  M  Y  K  F  Z  O  F  N  C  R  Z  A  C  F
Á  U  S  H  L  M  C  I  R  Ó  L  E  G  T  Ó
B  A  G  K  W  K  T  K  F  P  D  L  Í  T  T
E  G  G  L  B  Z  N  I  Y  J  A  G  T  Á  B
R  E  I  C  A  M  A  R  G  I  R  G  S  Þ  O
A  L  S  N  N  I  T  T  O  P  S  I  G  R  L
N  U  K  N  E  P  X  M  V  I  T  W  E  X  T
D  J  A  I  P  P  J  H  Ö  Q  S  P  S  D  A
I  N  Y  D  S  E  L  Q  K  P  Ð  Í  T  H  A
G  E  G  N  S  Æ  R  I  V  Q  S  N  G  F  Q
V  V  M  U  G  A  T  A  A  T  Q  B  J  Q  O
U  W  E  B  W  B  C  M  K  D  O  W  A  O  X
L  Ö  G  F  R  Æ  Ð  I  N  G  U  R  F  A  U
K  E  N  N  S  L  U  S  T  U  N  D  I  S  I
```

FÓTBOLTA	EPLI
RUGLA	VENJULEGA
MARGIR	RÓLEGT
POTTINN	ÞÁTT
KENNSLUSTUND	TÍÐ
VÖKVA	LÖGFRÆÐINGUR
GEGNSÆ	STÍGA
WIGGLE	BUNDINN
GESTGJAFI	GISKA
PERA	ÁBERANDI

Puzzle 7

```
H Á P U N K T U R G L B B F M
F H J V B V A Q P E I L R R D
V J G M C E Z A G F L I Ó Á W
R A N A P Í L Ú T W A Ð Ð B X
Q E I N N M I T A A C I I Æ D
S A M E N R E H I F Z Ð R R S
B G N I N K U A R S K O L T J
D E U R O X F T T A Ð N H J R
Y L I T E S R O F K I E T Ú U
T Ý B T C B P B Y I G B F Q Ð
H N N A Ó L F Q X Ð A M V X I
X P L M L G L U B O L U R N E
B V M M I N Z M T O É Y A Q R
J R T I Y E K X A S F Y W Q H
```

AUKNING
FORSETI
BEIT
BOLUR
NÝLEGA
LIÐIÐ
TÚLÍPANAR
LILAC
FRÁBÆRT
HREIÐUR

EINN
BELTI
HÁPUNKTUR
FLÓANN
HÚÐ
AFSAKIÐ
HERNEMA
BRÓÐIR
LOKS
FÉLAGIÐ

Puzzle 8

```
B C P R L B O K K A B Z R N F
Z L Q I O M D T A L A S Á I J
N Z Á J P K Z W F F N S Ð Ð Ó
E K G R O K M F V U P F U R
M U N O H U Ó F I D G U Æ R U
A N C L S C Q F D U I R R S M
V I L L U T W Z S J E Ð A T C
A K O N I Ð R I E K L I R A R
L O P A B B A J L J Í L O Ð X
S I M A N N A S A R G R Y A G
T E X B L X E M F I V A S F N
A N C D Z R H Á D F D U P Q C
F J A R L Æ G J A Y S A O T L
L U Q F E F Z Y Q A L W L V D
```

FJARLÆGJA
VILLU
BLÁR
SALAT
PRÓFSKÍR
SPURÐI
NIÐRI
KAFFI
ROKK
RÁÐFÆRA

GRAS
YFIR
FJÓRUM
HONUM
LEIGUNA
NIÐURSTAÐA
SMÁ
MANNA
SHOP
PABBA

Puzzle 9

```
D  R  Í  F  A  H  A  P  P  Y  K  Z  J  Þ  G
N  Ú  V  E  R  A  N  D  I  U  T  D  O  U  E
F  Z  L  B  H  A  G  E  L  I  M  Æ  S  R  F
S  O  Y  Q  J  F  F  G  F  I  T  I  A  R  A
K  D  R  A  L  Ö  E  M  U  N  O  K  G  K  L
Á  D  J  N  O  V  R  A  J  L  M  H  V  U  F
L  S  F  Ó  U  E  T  G  R  U  G  H  A  Ð  U
D  A  B  R  I  Q  Q  G  U  N  S  F  R  U  R
S  S  J  Ó  N  K  U  M  C  N  F  B  G  F  T
K  P  I  K  K  U  R  T  E  I  S  R  K  Ö  G
A  V  T  G  F  C  F  Y  L  X  F  Ö  H  H  S
P  A  N  V  Y  Q  R  V  S  U  X  Ð  H  I  K
U  S  Q  M  S  S  K  I  P  H  L  U  T  U  R
R  A  K  R  Q  C  U  W  Z  H  Q  Z  T  G  L
```

SÆMILEGA
BJÖRGUN
GEFA
HAPPY
GLUGGA
HLUTUR
DRÍFA
FORNU
KÓRÓNA
GAS

KURTEIS
TRUFLA
SKÁLDSKAPUR
NÚVERANDI
VON
RÖÐ
SKIP
HÖFUÐ
KONUM
ÞURRKUÐ

Puzzle 10

```
T  T  I  E  R  B  R  F  X  T  O  S  B  U  Q
S  K  O  M  A  R  F  A  V  Ý  W  T  Í  O  Y
A  N  D  A  R  U  N  G  I  N  N  A  Ð  V  R
F  N  S  E  K  U  R  A  K  G  Ð  F  A  A  P
I  A  K  U  F  H  Ð  H  B  A  A  S  U  R  N
R  F  K  M  M  N  G  R  O  H  J  E  N  W  X
K  J  D  K  D  A  I  K  U  H  Ý  T  D  V  G
S  Q  S  Q  I  G  R  Ð  V  K  K  N  A  I  R
T  M  Á  L  S  G  R  E  I  N  S  I  N  B  O
Ú  G  R  A  N  D  I  A  B  R  G  N  F  O  J
U  U  W  R  Z  Y  D  B  V  D  I  G  A  R  Z
E  R  G  T  D  R  W  D  B  S  Y  U  R  Ð  B
A  F  E  T  X  F  N  F  Q  A  I  Q  I  A  H
S  H  G  L  E  Y  M  A  W  D  O  W  Ð  N  A
```

UNDANFARIÐ	GLEYMA
BÍÐA	VAFRA
BORÐA	HAG
BREITT	ANDARUNGINN
EFNIÐ	HAGNÝT
KOMA	VAR
MÁLSGREIN	SKURÐUR
SUMAR	GRANDI
STAFSETNINGU	FANN
SKÝJAÐ	ÚTSKRIFAST

Puzzle 11

S	E	H	O	I	U	Ý	T	A	W	X	P	N	F	B
L	A	K	B	H	H	E	G	Ð	A	U	Q	B	T	A
M	P	M	G	A	E	Y	F	I	R	F	A	R	A	R
H	E	U	K	R	I	N	Ð	I	E	B	M	E	J	A
P	R	A	X	V	R	U	D	N	I	E	R	G	C	Q
F	Þ	R	X	V	Æ	C	N	I	A	N	D	L	I	T
A	L	A	F	J	C	M	T	J	Z	I	J	P	W	A
T	F	Æ	Á	Ð	U	R	T	J	H	P	S	L	J	H
P	B	D	K	Ö	L	L	U	M	K	G	D	X	R	L
O	U	N	F	J	R	D	B	S	U	N	D	I	R	G
X	Y	O	K	R	A	E	V	R	U	T	I	G	U	S
U	P	P	H	Á	T	T	S	E	J	C	E	E	N	K
K	A	F	L	A	T	X	Z	K	W	V	R	C	U	F
B	Y	L	O	V	J	E	Q	A	E	R	B	B	M	S

BARA
HEGÐA
HAT
HENDI
YFIRFARA
GREINDUR
BEIÐNI
UPPHÁTT
UNDIR
BREIDD

REKA
ÖLLUM
KAFLA
ÞREPA
ÝTA
SAMKVÆMT
FLÆKJA
MUNUR
ÁÐUR
ANDLIT

Puzzle 12

```
A H E D G E H O G E G L C T H
Æ L S T A Ð S E T J A Æ F Í V
V Ó V K Y M O T Y K X R G M O
I V L E A N A L J Z U A D A L
N I I J G K U N X L Z A O B P
T Ð Y A P D Ó A S E G I R I U
Ý E D F R E F W L V E O R L R
R I M N Ú M I Ð I Ð O X U Z S
A G K T T Æ K I F Æ R I F R Á
L A E E U G N Ð L X Q E Q B N
E N R F G P V U F T H V V D E
G D T L N Í S N E B K O Y P V
U I I I Ö G R Á L E I K H Ú S
R J Q W G X R M M G F N O E E
```

SEGIR
KAKÓ
MIÐI
JAFNTEFLI
LEIKHÚS
ÓVIÐEIGANDI
TÍMABIL
KERTI
MÁNUÐI
LÆRA

FRÁ
ÆVINTÝRALEGUR
HVOLPUR
STAÐSETJA
BENSÍN
VERÐLAUN
ALVEG
TÆKIFÆRI
HEDGEHOG
GÖNGUTÚR

Puzzle 13

```
G L E T T I N N G V Y K S N S
P G U B Q B A J W S N B X A K
E B B T X U T T B H U E D G J
Y D T Z F X F L V G G Ð C E A
S L R R I J S T L S U H U L L
U A J K Í R O Y P T A Þ Þ R D
H J S B F V P C M E R A R U B
C T G E J L J C A I E Ð E M A
H R I N G R Á S E N L C M Ö K
S O K K I N N K F N G D U V A
X F W A H L Y F N G J S R K F
A I A L N I Æ O I E F E L A W
B X H A C Q A M Í R G J I E Y
D Ó N A L E G U R A H G Z H R
```

PEYSU	EFNI
DÓNALEGUR	GLETTINN
GLERAUGU	STEINN
SOKKINN	HAWK
ÞREMUR	ÞAÐ
FORTJALD	GRÍMA
SKJALDBAKA	MÆLING
ÖMURLEGA	RÍKJA
GERA	FELA
SUÐUR	HRINGRÁS

Puzzle 14

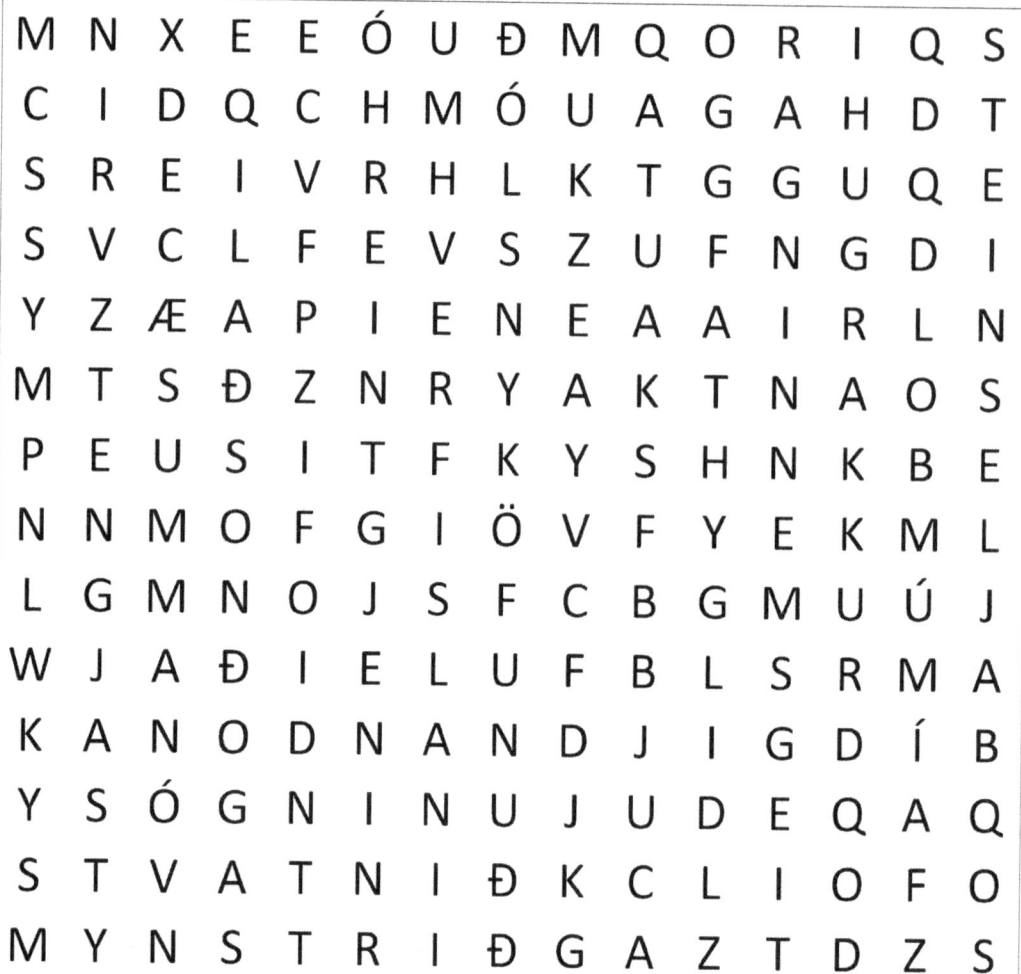

```
M  N  X  E  E  Ó  U  Ð  M  Q  O  R  I  Q  S
C  I  D  Q  C  H  M  Ó  U  A  G  A  H  D  T
S  R  E  I  V  R  H  L  K  T  G  G  U  Q  E
S  V  C  L  F  E  V  S  Z  U  F  N  G  D  I
Y  Z  Æ  A  P  I  E  N  E  A  A  I  R  L  N
M  T  S  Ð  Z  N  R  Y  A  K  T  N  A  O  S
P  E  U  S  I  T  F  K  Y  S  H  N  K  B  E
N  N  M  O  F  G  I  Ö  V  F  Y  E  K  M  L
L  G  M  N  O  J  S  F  C  B  G  M  U  Ú  J
W  J  A  Ð  I  E  L  U  F  B  L  S  R  M  A
K  A  N  O  D  N  A  N  D  J  I  G  D  Í  B
Y  S  Ó  G  N  I  N  U  J  U  D  E  Q  A  Q
S  T  V  A  T  N  I  Ð  K  C  L  I  O  F  O
M  Y  N  S  T  R  I  Ð  G  A  Z  T  D  Z  S
```

MAGN	LEIÐA
STEINSELJA	SVÆÐI
UMHVERFIS	ÓGNIN
MENNINGAR	MYNSTRIÐ
SKAUTA	KYNSLÓÐ
KÖFUN	HUGRAKKUR
MÚMÍA	ÓHREINT
TENGJAST	AUKA
GEIT	VATNIÐ
ATHYGLI	SUMMAN

Puzzle 15

```
U  Í  V  F  B  P  R  S  N  N  M  R  O  Á  E
T  L  Þ  E  S  E  H  L  W  D  Y  Q  T  T  S
A  K  K  R  S  D  L  A  H  Á  P  P  U  Ö  W
N  R  O  N  Ó  T  O  Y  P  Z  W  R  S  K  K
A  J  V  P  V  T  U  C  Y  A  J  T  Y  L  F
Ð  H  N  B  L  C  T  R  S  X  S  X  C  N  S
K  A  R  E  S  E  P  I  M  Í  S  S  I  G  B
O  F  E  B  L  A  Ð  A  R  N  N  Q  A  F  Y
M  A  F  U  D  B  R  E  N  N  A  N  D  I  S
A  P  U  S  A  M  B  A  N  D  I  O  P  L  S
N  A  R  S  A  M  B  A  N  D  S  V  T  Ý  U
D  F  Y  R  I  R  G  E  F  A  C  X  O  B  M
I  L  A  T  M  A  S  O  R  Ð  A  L  I  S  T
I  X  Q  X  E  Q  Z  N  M  U  A  F  V  E  N
```

FYRIRGEFA	BLAÐA
UPPÁHALDS	NORN
PASSA	BYSSU
ÁTÖK	ORÐALIST
SÍMI	HAFA
FLYTJA	REFUR
BÝLI	VESTUR
BRENNANDI	SAMBANDI
UTANAÐKOMANDI	SAMBANDS
SAMTALI	ÍÞRÓTTIR

Puzzle 16

```
B Y G A D H V B A V H L B Í L
U K J D D O L I Q K H X T S Í
R A A N N A S T H X E P Z S M
S L L G A U M Ð U P E H N K O
T T D P X H W H Á M A R K Á N
A F T V T O Á U R N U L X P A
A L P Ó V Q J T I T D K D U Ð
Ð Ó R C J D Y T T O E T N R I
S K I E N L S K R Ý T N A W Z
T I N N G V F O O U V D H I V
Æ Ð S W V P W Z K X Q O K L O
Ð R I N B I U B S T D H P B X
U V N X R Z B O R G A R A C P
R Y N A D U G G C B R É F E R
```

HÁMARK	PRINSINN
GJALD	BIT
AÐSTÆÐUR	DAG
KALT	BURSTA
LÍMONAÐI	HÁTT
GAUM	FLJÓTT
BRÉF	NÁÐ
SANNA	SKRÝTNA
BORGARA	FLÓKIÐ
SKORTIR	ÍSSKÁPUR

Puzzle 17

```
S H N V S B O Ð Q L I A U Q P
B C Á P E T I L T Ú E R Æ N O
T R G F U G A R E V Y I T Ú Y
V Q R F Z G J R N J A T T H R
A F A M V Y Y Z F S Ó F I M V
U Q N P P R E V W S E E A O F
C N N W K T T M Y L F P H A K
E L I H A L L Ó N I A Ó H K C
U F C D T Z A Q E D W U L V C
Ð A X W E H G T O K K F U K K
Á M D C N V W Q L Z A K C K S
L V U I S M S J Ó Ð A F H D N
S Y K U R R Ó V A R T D T A Q
O V R X Y P O M C P A Y E Q A
```

SLÁÐU	SJÓÐA
QUAIL	BOÐ
VERA	LEIT
SYKUR	HÚN
HALLÓ	NET
TRYGG	NÆR
ÚTLIT	EYJA
ÓVART	VEG
EFTIR	STARFSFÓLK
NÁGRANNI	SÓFI

Puzzle 18

```
S  L  Y  H  T  T  L  M  O  D  D  Þ  N  J  U
R  K  I  B  Ð  R  E  F  R  E  H  A  U  X  M
J  S  I  T  E  Y  Y  Z  X  D  S  U  F  Z  F
M  I  Ð  L  U  G  S  S  Q  N  Q  D  Ö  G  E
G  W  R  V  G  R  A  Z  J  D  B  O  T  R  R
H  O  O  Z  C  R  T  S  A  N  Á  N  S  U  Ð
S  R  B  W  H  F  E  W  W  C  F  Z  M  N  A
A  C  Í  R  Z  Q  K  I  H  H  S  H  M  D  U
Þ  E  Þ  S  L  Z  C  D  N  B  E  R  A  V  Ð
R  R  U  N  G  A  O  L  R  A  W  A  K  A  V
E  A  R  N  Z  R  R  I  Ö  C  W  C  S  L  E
Y  C  R  N  G  Q  J  V  V  Q  Y  W  F  L  L
T  S  K  H  K  T  Q  Ó  L  D  N  R  N  A  T
T  Z  A  E  Q  G  N  I  N  T  A  V  H  R  N
```

BERA
UMFERÐ
VILDI
BORÐI
AUÐVELT
VÖRN
LITUR
GRUNDVALLAR
HRÍSGRJÓN
ROCKET

ÞURRKA
ÞREYTT
HVATNING
LEYSA
SCARECROW
ÞAU
HERFERÐ
SKILGREINA
SKAMMSTÖFUN
NÁNAST

Puzzle 19

```
H A K K A Þ O P N A E U N X A
Á R K S G A D T M A R K M I Ð
D D O V B N P V E D Q W J K U
A L S K I X U Z R N F H G A P
N E Q H K Ð F A Y S N W H N P
G R K T V I H L Q Q Z I P I T
L O A S C X N O S Q A D S L E
A F U T S Ö F B R T X E E K K
C I P Z Z E O S L F U N N H N
X K A T N N I T C A J Q I B U
P A P P Í R I Y E F Ð S S I M
R E Y N I R B K W U M A R G M
T Í U K R O N K K O K T E I L
I W T H T Y T I V G C W L C L
```

VIÐHORF	KANIL
ÞAKKA	PAPPÍR
INNTAK	DANGLA
KOKTEIL	REYNIR
UPPTEKNUM	KAUPA
OPNA	DAGSKRÁ
ORKU	HROKKINBLAÐA
MARKMIÐ	TÍU
STYKKI	FÖSTU
TENNIS	FORELDRA

Puzzle 20

```
L M T D X G R G D T H S D Þ P
F A P F C W J Æ F T N K J V F
H J S S E L B L A S Y U X O J
W N Y S P O P U N V V L W T Ó
M F B C O Q Q D G W W D E T L
Y Ö K Á P A D Ý A I A B A A U
L S R G U L L R E R R I S H B
Q É H K D I B L A Ð I N E E L
Z F T S N N I M V R L D L R Á
S C K A S T A N Í A B I E B T
G R A S I Ð Z J T N F N S E T
V A N D L E G A H T D G N R O
K O P A R M A M V J B U G G F
H R Í F A N D I B H H P U I G
```

FANGA
HRÍFANDI
WEASEL
MINNST
MÖRK
ÞVOTTAHERBERGI
FJÓLUBLÁTT
SKULDBINDINGU
GULL
BLAÐI

BLESS
VANDLEGA
LÉT
KASTANÍA
GRASIÐ
LASSO
SÖFN
GÆLUDÝR
KÁPA
KOPAR

Puzzle 21

```
B  Z  C  G  S  H  Y  V  B  T  K  K  E  Þ  M
M  L  S  W  I  A  G  E  L  Ð  Í  L  B  E  L
Q  C  A  C  D  N  W  M  Á  S  Q  J  W  F  F
L  Y  J  Ð  N  D  T  C  K  S  É  R  F  A  Q
O  N  T  T  I  L  G  M  M  F  J  S  H  F  S
R  M  E  K  S  E  Y  E  Ó  C  I  U  T  H  H
P  Q  V  I  Í  G  V  U  L  N  E  Y  Ð  A  R
Z  Z  H  E  V  G  Þ  K  B  S  V  I  P  T  A
H  A  G  L  I  Ð  U  O  R  H  Y  V  C  B  J
H  V  W  E  Q  Z  L  L  R  U  T  I  E  R  S
V  R  U  Y  S  W  L  M  G  P  G  W  L  Ú  H
L  K  Q  A  P  F  N  A  H  H  K  S  Z  N  G
W  P  D  D  Á  C  H  S  X  L  A  N  D  N  S
S  A  M  S  T  A  R  F  S  A  Ð  I  L  A  V
```

SAMLOKU	LAND
ÞORP	BLÓMKÁL
NEYÐAR	LIT
VÍSINDI	SPÁ
HVETJA	SÉST
SVIPTA	EITUR
VEIÐA	ÞEKKT
SAMSTARFSAÐILA	BLÍÐLEGA
BRÚNN	HAGLIÐ
HANDLEGG	ÞEFA

Puzzle 22

```
V G Y L L I Z Æ B P T L L U F
F Í É G Á Y S T E E A A A I R
D R S N U N P U T N C T U S A
F U Í I T T S R R N T M G H M
D T L N N Y R Ö I I X O A E L
P T I T N D H G M O X T R R E
J É Q Á I X A M E L T A D B N
Q L X J N U N M I Z K L A E G
A S B I F I Í U A V Y T G R J
C V H L A U K V Z Ð L J U G A
H H J D R S S S C O U X R J V
S C V P H V Y K N R K R X A J
S T O F N U N P Ö R L Í T I Ð
H Ó F L E G A M I K I L L A R
```

FRAMLENGJA	FRÍ
LAUGARDAGUR	STOFNUN
LÁNSÖM	BETRI
FULLT	HERBERGJA
JÁTNING	SKÍNA
ÆTUR	HRAFNINN
ÖRLÍTIÐ	VÍSINDAMAÐUR
SLÉTTUR	PENNI
MELTA	LYKT
HÓFLEGA	MIKILLAR

Puzzle 23

```
F  P  I  P  H  S  K  Ð  Á  H  D  X  F  G  V
G  O  H  A  N  D  B  Ó  K  E  J  I  G  T  I
L  R  X  Y  R  I  T  I  L  X  A  V  V  N
Æ  L  A  Ð  V  R  C  P  A  P  S  C  T  R  A
P  Á  O  M  A  T  B  F  I  F  P  D  F  A  L
U  G  A  C  K  S  B  Q  N  U  K  T  O  N  E
R  T  Y  K  R  V  T  N  D  L  N  E  J  A  G
T  G  E  L  N  I  Ð  I  E  L  A  G  K  Ð  T
P  R  C  S  A  H  S  X  F  Y  Y  Ú  S  Í  P
L  E  M  E  E  Z  Q  A  P  R  Y  M  U  L  Y
L  Q  A  A  N  D  S  T  Æ  Ð  A  M  M  L  Q
P  W  P  Q  D  B  Á  T  N  U  M  Í  J  E  D
P  L  Ö  N  T  U  R  A  N  N  A  R  S  V  T
R  A  F  Þ  R  E  Y  I  N  G  A  R  H  Ó  P
```

ANNARS
ANDSTÆÐA
AFÞREYINGAR
PEA
PLÖNTUR
FORÐAST
BÁTNUM
NOTKUN
RISA
HANDBÓK

LEIÐINLEGT
HELPFULLY
HÁÐ
HÓP
VAXLITIR
GÚMMÍ
VINALEGT
LÁGT
VELLÍÐAN
GLÆPUR

Puzzle 24

```
X  F  E  R  A  T  A  M  Ó  T  P  F  L  O  M
K  R  K  Ó  K  Þ  S  Z  H  Z  I  A  W  I  G
B  A  N  Ð  U  E  R  Þ  R  E  Y  T  T  U  R
Z  M  Y  U  R  J  R  Ó  K  U  U  K  Z  I  Q
B  K  B  R  W  W  R  F  A  U  T  A  Z  X  S
E  V  K  A  T  L  I  F  I  Ð  I  L  I  K  S
K  Æ  N  R  R  W  J  W  N  H  P  E  H  D  I
K  M  K  A  R  T  Ö  F  L  U  R  I  Ú  H  W
N  A  L  P  Y  F  Y  W  A  T  R  Ð  S  Æ  A
U  L  K  I  G  C  L  J  B  O  F  I  V  T  B
M  F  I  M  M  A  R  F  Á  Q  B  N  E  T  U
N  Á  T  T  Ú  R  U  L  E  G  A  D  R  A  K
Z  R  H  E  L  D  O  K  Y  W  Ð  I  K  I  M
N  I  Ð  U  R  S  T  A  Ð  A  N  R  S  N  T
```

NIÐURSTAÐAN   KATLI
KARTÖFLUR   ÁFRAM
ÞRÓA   BEKKNUM
SKILIÐ   TÓMATAR
MIKIÐ   HELD
KERFI   HÆTTA
HÚSVERK   LEIÐINDI
RÓÐUR   FRAMKVÆMA
PLAN   NÁTTÚRULEGA
ÞREYTTUR   FIMM

Puzzle 25

```
N M M A V V Q N J Á S R H U Z
I A O V I E T E C H A F I J T
L Z U A A I T F A Y M L N M F
V I X Ð O Ð Q N R G K J D N Í
M X Ð R S I L A I G O Ó B L F
U J Y U F Y C R B J M T E C L
F N I Y R Q N A O U U A R H E
F A D R A K E L U R L S J I U
Y O Ð X K P O Y E F A Q U C H
K R O I M F C W T G G D M K O
G E L A R A G R O B T A E F W
U M K M U N K A R L K Y N S N
F Ú S G F R C K O G C C Q B P
A U G L J Ó S U A L T I V C I
```

CHICK	DRAKE
FAÐIR	BORGARALEG
KARLKYNS	HINDBERJUM
LIÐUR	CARIBOU
ÁHYGGJUR	FÚS
VEIÐI	MUN
AUGLJÓS	NEFNARA
VITLAUS	FLJÓTA
SAMKOMULAG	FÍFL
NAUÐSYNLEGT	FEAT

Puzzle 26

```
G Z E F Y J A I P E Ö V G Ö G
B R Y J R X N O Q A X Y Ó R H
S E Ð A U G D B L B L U Ð Y L
T G I R L L Q V R K Z D U G E
Ó L L U R H A J T I S R G R
R U E Æ N U Ó R Þ L Á T A I A
K S G G X M U Ð I G U H T A V
O T G Ð K U I V M Á L T Í Ð R
S I J G Á A R E C J M I Q G X
T K A Q P R M I S Í V U R Ð Ö
L U M F U D N T R E G I M Æ D
E U S U E N X A R A F P P X Y
G N K H X K A T S H J R C D T
T P C K O N V D E E L J O D P
```

MÁLTÍÐ   GÓÐUR
SITJA   FJARLÆGÐ
VARÐVEITA   ÖRYGGI
DÆMIGERT   ÖXL
REGLUSTIKU   ULL
HLERA   EYÐILEGGJA
DRAUMUR   ÞRÓUN
ATHUGIÐ   FARA
ÖÐRUVÍSI   STÓRKOSTLEGT
LÁTA   KÁPU

Puzzle 27

```
Y N M S I J X N L B H F S T E
H F A T K M Æ T L A A E V A P
E G M S F I V Z O I L K W L B
G A M A K Y P G J N D X L X T
V O A L K Á L S E N A M B Z R
U E M T Ö T P A T S I Ð A T S
V Q G Æ T S S U N J J U P Ú D
P Q E L S S F T R A Ó W Y L H
A G N A J C W T Ö E I R S K A
H M I N J S C E J I H U I O N
E H O Z R V O H T N R F I P G
Y A J U M R Æ Ð A S B L T V Y
S N Y R T I L E G U R Ú V V W
S A M S K I P T I C Q Z H O R
```

SKIPSTJÓRI
HETTU
ÆTLA
JOIN
HALDA
KLÚT
ÆTLAST
SNYRTILEGUR
TJÖRN
EINS

ÚLFUR
UMRÆÐA
AGNA
SLÁ
TAP
MAMMA
STAÐIST
SKÁPUR
SAMSKIPTI
STÖKK

Puzzle 28

```
O E D H P H Y A U V T I K V I
A U N S T A R F T T Ý R O I B
G L C D R B M T A D L Y K S E
B F Y R A Q G H N F E V S P N
Q G A N N N Q G U L R Ó T R D
I Z P V X U L M F V Á Q L Ó A
P N Y L Z D T E V U J G I F K
P L A T A L M Q G B K M V E V
S R N N B Ö G K P M S S D S I
U Í U K L F Í L H N G E R S K
S Z Ð M U G H A M S T U R O M
W W L A X R G D U R W L M R Y
J U K T R A L D R L B U F V N
G D X J D M U D N I G Æ Þ Q D
```

ART
SKYLDA
HAMSTUR
ENDANLEG
VILT
REGNHLÍF
ÞÆGINDUM
LYNX
PRÓFESSOR
GULRÓT

BENDA
KVIKMYND
SVEFN
STARF
ÝTT
SÍÐAR
SKJÁR
PLATA
UTAN
MARGFÖLDUN

Puzzle 29

```
D  L  W  Þ  R  Í  H  Y  R  N  I  N  G  U  R
L  R  A  D  L  A  F  L  Ú  R  O  Y  A  L  X
A  E  U  L  G  Í  T  Z  J  C  X  X  P  V  U
J  J  S  P  D  I  K  I  E  L  U  R  E  V  H
T  A  J  T  M  L  Q  A  J  P  K  U  E  S  J
S  R  M  H  H  D  M  R  Ð  G  D  G  D  O  Ö
O  Ð  L  K  V  I  R  A  T  I  R  N  A  R  R
H  V  B  Z  E  Q  S  T  Z  N  S  I  R  G  Ð
B  E  B  I  R  C  R  S  H  Z  J  N  A  L  X
Z  G  D  O  J  V  M  B  M  P  Y  M  T  E  Z
P  U  N  D  U  Y  U  M  F  P  N  A  T  G  S
P  R  Y  N  D  I  S  L  E  G  R  S  O  T  M
M  I  N  N  I  H  L  U  T  I  Q  Ó  L  N  X
L  E  Y  N  D  A  R  D  Ó  M  A  R  F  Y  I
```

VERULEIKI
SORGLEGT
ÚLFALDA
TJALD
JARÐVEGUR
YNDISLEG
MINNIHLUTI
SAMNINGUR
HJÖRÐ
LÍKAÐI

RITARI
LEST
OST
PRÓF
LEYNDARDÓMAR
HVERJU
STARA
ROYAL
FLOTTARA
ÞRÍHYRNINGUR

Puzzle 30

```
R  S  W  T  Y  G  A  N  D  L  E  G  A  U  H
E  B  E  R  E  R  F  I  M  I  T  B  F  R  H
I  E  L  S  I  Á  E  O  Q  I  T  L  S  N  O
T  M  H  Ö  T  T  S  M  N  R  J  I  V  V  T
F  U  R  S  Ð  T  T  B  O  G  Z  W  Í  A  Æ
R  D  L  F  A  R  A  D  G  N  Y  Þ  N  L  K
U  L  E  B  A  R  U  S  L  A  K  A  E  D  N
T  Y  A  B  X  R  F  G  Z  Ð  Q  L  R  E  I
N  K  R  F  V  R  N  G  B  I  I  I  E  Q  H
N  S  U  I  L  V  C  V  Q  E  K  Ð  R  M  F
E  L  V  D  D  H  W  M  R  L  O  A  O  V  I
P  Ö  S  K  E  M  M  T  U  N  L  B  N  W  S
S  J  Ú  K  D  Ó  M  U  R  E  O  V  B  O  I
X  F  H  A  R  E  N  Z  K  S  X  W  F  U  V
```

FESTA   AÐILA
VALD   KOL
SVÍN   GRÁTT
SJÚKDÓMUR   ÞYNGDARAFL
SLAKA   LEIÐANGRI
HARE   SKEMMTUN
REIT   FJÖLSKYLDUM
AFL   SEST
BLÖÐRU   TÆKNI
ANDLEGA   SPENNTUR

Puzzle 31

```
S  K  H  J  B  A  H  Z  P  N  V  A  J  H  L
T  Ó  Y  M  O  D  O  I  Z  O  T  G  M  L  E
C  E  L  Í  M  Y  N  D  A  K  N  X  V  U  B
H  X  L  B  E  L  G  U  R  K  Ð  R  Æ  T  S
B  O  Ö  V  L  Z  W  G  M  R  K  O  P  U  R
G  T  J  N  K  Ó  U  V  U  T  I  V  R  Q
H  D  F  U  M  Q  M  E  H  O  E  T  A  G  U
V  Í  R  N  I  G  N  A  G  R  Ú  S  N  N  F
H  Y  V  A  Ú  U  B  T  O  U  T  I  U  A  M
E  J  F  C  P  N  N  S  X  L  C  R  M  G  Y
R  K  E  O  G  O  A  K  P  T  Í  H  T  Ð  B
J  E  R  K  E  D  E  B  K  A  C  U  P  A  X
R  E  Q  H  Q  P  N  L  V  W  N  H  E  F  R
M  J  Ú  K  I  B  T  F  W  B  M  P  O  V  J
```

FJÖLL	NÚNA
MJÚK	STÆRÐ
HRISTI	SÓLBLÓMAOLÍU
HLUTUR	LEOPARD
NOKKRU	VIT
GATE	JERKED
MUNA	VÍR
HER	AÐGANG
HOE	ELGUR
ÍMYNDA	ÚRGANGI

Puzzle 32

```
P H E E V F M Æ T A S T S N H
Z A Ð Í V K R U N N E T L V H
Q E N T P L Z E U C I L E I A
F H D T Ó J L F L L B L Ð L T
K R U Ð A R R I P S Æ A I L A
E S Æ T T J Q V T O I S S I G
N U R C T J U G B T M D A K I
N A F D E A Q M C M J B H Ö F
D B Z P R O A R Z D Q I K T T
G L O P V N H O V Y I K T G
I A G Y S H Z D C L W O J U K
N K G A U M L J Ó S K T S R M
V S Ö U O B P V U P Y I N I Y
H N H A R B S A H O W O O G B
```

KVÍÐA
PANTA
SPRETTA
FLJÓT
SLEÐI
MÆTAST
KENND
PIRRAÐUR
GIFT
LÆSA

POOL
SÆTT
ALLT
HATA
TENNUR
VILLIKÖTTUR
FRELSI
GAUMLJÓS
SKAL
HÖGG

Puzzle 33

```
F R X B C O F W D Z L Y I C A
R U T R A V S Q R X T V O J L
B C G V C A F C O Y H C O O G
A L U L I D R Q S T J Ó R N E
H Í T S A G E L M A S N I V N
A N U T S R Y F Í L K L Á B G
L U I A L I Z G R I A K H S T
D R C D L D H P H M S N R H L
I Æ O C N N Y C I I S C I H E
N N S I N A G L I E A J F T B
F E R I L J Á V J H T B F C I
B V Q V V K P J N A D V O L T
R H R V A Í A D L A F G R A M
G P F F F R S N I G I L L P H
```

STJÓRN
ALGENGT
RÍKJANDI
MARGFALDA
HALDIN
FUGLAR
SNIGILL
FYRSTU
VOLT
SVARTUR

HEIMILA
LÍNU
ÁHRIF
KASSA
HVENÆR
NAGLI
RÍM
VINSAMLEGAST
GLJÁANDI
FERIL

Puzzle 34

```
F Z M U F Ú V Z P S S S I O S
S U E D P R B T C M G Í N F Ó
Y Ú R U K S M I E H H Ð N T L
F R L Ð S P Y R T G A D F V G
J K L Æ A H X R Q Ú L E L A L
A O X H N Y Q Y X L D G U T E
Ð M R S A O U F B S A I T N R
U U J C N E I G N X S S N S A
R F D P A B R A U Ð T S I M U
C A T K I N S J W H W V N E G
N Z S E N D I E N H Y U G L U
M N L W O E W O N Y A N S Ó Y
V H N L B W S J D D D T O N K
U R B L Q T J Z D P A U M A F
```

FYRRI
SENDA
SENDI
HALDAST
VATNSMELÓNA
SVUNTU
ANANAS
BRAUÐ
ÚTIBÚ
FURÐA

SÓLGLERAUGU
EIGN
SÍÐDEGIS
HEIMSKUR
HÆÐ
CATKIN
OFT
SYFJAÐUR
INNFLUTNINGS
ÚRKOMU

Puzzle 35

```
A S V O N B R I G Ð U M G K F
L P E K A T Þ R I Ð J U A N É
U H P L S V A N U R R Q R N K
H E C E J K H Y Z C F P Ð I K
W K C U L A A R D U W D U R W
A X B P E S N I E B O Y R U S
G L D P C P Í D B S W W Z Ð I
J G L B X V C N A E L S K A B
E Z V I E Z W U U Y Y J V M R
S C G L R T P G P G O L P R O
S T R Æ T Ó V E M M U Q O E S
M Á L V E R K T J O F L U R A
U O V I T S B T Ö O C U H U U
X Ó K E Y P I S G Y M K D J T
```

ÞRIÐJU
HULA
BEIN
ELSKA
GARÐUR
SVANUR
MAÐURINN
SELJANDA
VONBRIGÐUM
ÓKEYPIS

TAKE
MJÖG
EXCEL
BROSA
TEGUNDIR
APPELSÍNUGUL
ALLIR
MÁLVERK
FÉKK
STRÆTÓ

Puzzle 36

```
S  T  A  Ð  U  R  I  N  N  C  R  J  L  A  Z
E  F  A  T  L  L  A  C  S  O  B  U  K  T  F
S  L  E  O  G  E  S  Y  B  Q  Y  A  D  V  G
N  Á  M  A  B  H  P  N  Y  N  Q  O  H  I  L
J  J  U  R  U  Ð  Ó  J  S  R  Á  J  F  K  Á
Ó  S  I  T  E  C  O  T  B  A  K  A  S  M  F
B  S  T  J  Ó  R  N  U  N  I  V  I  F  Í  A
O  M  A  T  S  A  T  U  L  M  Ö  G  E  N  N
L  L  R  M  Y  K  H  H  R  F  R  B  L  Ú  G
T  Y  D  Æ  H  S  Q  R  G  E  Ð  N  L  T  A
I  K  D  L  E  N  A  L  I  Z  U  O  I  U  Ú
W  I  W  S  S  A  O  Q  G  S  N  U  B  R  B
J  L  K  F  T  R  X  N  K  H  T  B  Y  X  D
I  L  H  P  Q  F  G  G  I  P  K  A  L  Q  F
```

LYKILL

ÁFANGA

SLÆMT

SJÁLFT

HRISTA

ÁKVÖRÐUN

MÍNÚTUR

ATVIK

ALLTAF

BÚA

MAT

SNJÓBOLTI

FJÁRSJÓÐUR

STAÐURINN

SAKA

FRANSKAR

FELLIBYL

HEST

STJÓRNUN

GÖMLU

Puzzle 37

```
Q  C  G  N  A  F  T  E  Þ  S  S  G  E  P
A  E  Q  I  V  O  G  X  L  R  T  P  Í  N  T
J  N  G  W  H  R  N  M  A  Á  Ú  K  R  D  O
L  T  Á  T  T  F  Ö  Y  Ð  T  L  V  A  U  L
Á  J  E  K  W  A  R  K  R  T  K  V  F  R  Q
K  D  V  X  C  Ð  Þ  E  A  Y  A  Y  F  S  Q
L  A  V  R  Ú  I  A  V  L  Ö  T  E  A  P  R
I  G  S  P  N  R  P  G  Ð  G  S  M  M  E  T
G  O  P  S  X  D  X  D  U  M  U  Q  Z  G  G
R  L  L  C  V  M  Y  L  T  L  O  L  B  L  X
E  I  W  F  X  M  G  F  S  F  Y  O  U  A  U
P  Ó  L  I  T  Í  K  Y  R  K  Ö  X  N  R  C
S  S  A  M  S  E  T  N  I  N  G  T  B  N  C
B  L  Ö  Ð  R  U  R  Ó  N  Á  Ð  A  A  Z  H
```

NETFANG	BLÖÐRUR
ENDURSPEGLA	ÚRVAL
FORFAÐIR	FÖT
TÖLVA	GÍRAFFA
MOON	AÐRA
GULUR	ÓNÁÐA
ÞRÖNGT	PÓLITÍK
ÁTT	SPERGILKÁL
ÞRÁTT	SAMSETNING
STUÐLA	STÚLKA

Puzzle 38

```
L A T P Ó P V D C C L P B U R
Í N Y T O S P Í S Ó L R Í K A
K K N U D X K D N Ö M A Q V Ð
L D N Æ R R I Y J B B A X E I
E F Y L L A P M N H E G K R L
G B M Q Q E G O I S K R S J H
A H U T L H G I N N A Þ Á A Þ
M E Ð F E R Ð L S N R M R V U
Ý U Ö O M D A O U T Z M I T N
A M T C M Æ T T A O A O T R G
M H S N S B Y T L I O P S M U
E H E I H Æ T T U L E G O V R
Y O I B R U Y V D K M T K R E
L G M S K I L A B O Ð W H F Y
```

KOSTI	ÞUNGUR
STÖÐU	ÝMSIR
FYLLA	HÆTTULEG
LÍKLEGA	MEÐFERÐ
ÞANNIG	ÖND
SKILABOÐ	ÓSKYNSAMIR
LAUSNIN	SÁR
NÆRRI	VÍNBER
VERJA	SÓLRÍKA
HLIÐAR	MÆTT

Puzzle 39

```
B  B  K  S  R  L  V  T  H  A  R  E  N  A  G
S  A  C  D  I  U  F  G  A  Ð  Æ  R  B  B  R
V  A  T  J  M  H  T  I  R  A  D  D  I  R  Æ
Í  M  L  L  L  Ó  T  S  M  Ó  D  A  C  E  N
Ð  M  V  T  X  A  P  Q  K  S  T  E  P  A  M
I  A  W  W  R  W  V  V  A  J  E  R  B  E
R  U  G  N  E  R  D  S  Æ  E  B  C  L  E  T
Y  H  T  R  U  G  N  I  L  K  Ú  J  S  J  I
Q  L  L  I  T  Í  L  G  U  H  Q  U  F  O  A
N  E  S  U  F  D  J  D  M  V  D  P  K  B  G
H  V  E  R  T  M  H  Æ  K  K  U  N  Þ  V  Í
T  I  L  F  I  N  N  I  N  G  O  J  F  Y  A
U  F  I  Y  B  R  S  T  E  F  N  U  Z  T  V
Z  U  P  P  L  Ý  S  I  N  G  A  R  B  J  J
```

DRENGUR   BAKSTUR
RIDDARI   SJÚKLINGUR
VÍÐIR   STEFNU
HUGLÍTILL   HVERT
TELJA   AMMA
HARMKVÆLUM   SALT
BRÆÐA   ÞVÍ
ARENA   GRÆNMETI
DÓMSTÓLL   HÆKKUN
UPPLÝSINGAR   TILFINNING

Puzzle 40

```
O  X  X  V  T  S  N  R  O  C  A  D  R  M  S
K  Y  A  R  S  Ú  K  I  T  D  D  M  Q  M  T
Z  V  R  U  C  H  T  Ý  I  J  S  B  G  B  R
V  I  Ð  K  V  Æ  M  T  R  I  Ð  G  Æ  H  Á
F  K  Ö  Ú  L  Y  T  D  E  S  Á  O  V  N  K
C  B  R  J  T  P  Ú  J  D  E  L  R  Æ  F  U
Y  D  U  M  E  B  G  O  N  S  S  U  Á  W  R
O  D  G  Ð  F  A  A  W  A  F  X  G  V  S  D
R  M  G  U  F  U  G  K  G  L  K  N  Q  G  I
T  J  T  A  P  G  J  Z  Z  Ý  O  I  Q  C  K
X  R  Ó  S  Y  S  C  U  Z  J  I  G  K  M  B
J  L  C  M  W  I  L  J  C  A  R  N  L  Y  P
K  L  Z  F  A  M  E  Þ  T  S  H  E  X  B  Q
H  A  N  D  K  L  Æ  Ð  I  C  T  T  Á  R  B
```

ÁRÁS	HANDKLÆÐI
TENGINGU	FÆR
DJÚPT	HÚS
BRÁTT	AUÐMJÚKUR
HÆGÐIR	STRÁKUR
FLÝJA	VIÐKVÆMT
RJÓMA	ACORNS
SKÝRSLU	ÖRUGGT
FET	GANDER
GUFU	ÞEMA

Puzzle 41

```
B A O N B N X B M D T N A G A
L L V L L A T Ð I V F A U R L
A I Ð Æ R F A D N A L Y E E S
U D Y E W N R S P H Þ J F I V
T Z N Z W O I Ý G A Z J W Ð R
U L H Æ V R G N B S E H Á A R
R D Y I R Ð R I T X E V U S U
N O I S E F A N B L E I K T T
A Q L I K I M G M C V M I P S
I T Ð F J Ö L S K Y L D A E Y
H Í U A C Y Ö X N B D E V M S
I M I I L E J A F R I T D C A
T A V E G A F X Í B Ú A T R Z
P F F N X B T U R J N N D N S
```

BLAUTUR
NOISE
VEGA
FJÖLMARGIR
TÍMA
FRÆNDA
ÍBÚA
FJÖLSKYLDA
TALAÐ
MIKIL

GREIÐA
VEXTI
VIÐTAL
SYSTUR
LANDAFRÆÐI
ÞJÁST
SÝNING
NAFNORÐ
BLEIKT
AFRIT

Puzzle 42

```
S  Ö  R  V  Æ  N  T  I  N  G  I  F  Í  L  D
H  M  A  W  Q  B  L  F  G  G  Ð  H  H  F  O
Æ  Q  Á  P  L  V  Z  D  J  U  Í  S  D  A  X
T  Y  M  A  T  I  Ð  A  P  Ó  R  H  C  E  V
T  E  E  T  U  F  K  Y  Z  T  M  J  S  E
U  Þ  N  U  L  R  R  A  U  Q  S  B  C  R  G
L  Ö  G  L  Q  U  A  A  A  E  A  H  T  O  G
E  K  I  H  W  K  H  R  U  C  S  B  E  Y  M
G  K  L  T  Z  S  Z  Y  N  S  R  Æ  O  S  Y
T  D  L  Ú  B  O  B  X  I  I  T  T  P  E  N
G  C  H  X  K  R  E  M  I  R  R  A  U  G  D
B  N  Z  T  Y  F  S  I  L  F  U  R  N  G  E
A  N  I  S  A  M  E  I  N  A  X  H  G  G  V
O  B  O  T  N  J  H  L  J  Ó  Ð  S  A  N  D
```

HRÓPAÐI	VEGGMYND
ÚTHLUTA	EGG
ÞÖKK	STRÍÐI
PUNGA	FÍL
BOTN	HÆTTULEGT
ENGILL	ÖRVÆNTING
SILFUR	LIFA
HLJÓÐ	TRAUST
SAMEINA	FROSKUR
SMÁAURARNIR	BÆTA

Puzzle 43

```
C E B C S V E P P I R Y K A V
R U N O T J V P C I K W O V G
W R V G T L K Y C W U R G J L
H U Q N I D N F E N H K A H G
Ö M M U E F E I G A N D A W D
F V G G H L E V L B E G L A H
S J A L D A N R Z M L L Æ G R
F Æ R A N L E G T R I Ó M O I
F Y R I R T Æ K I M D Y M Y N
L E I T A R S J Ö U N D A A G
U P P G Ö T V A K K A J W L L
D H Z K H H S C M O M O Z G A
A N P Q E N N I M I E F R I G
Q A J M A G A R D Í N U R S A
```

HEITT
GARDÍNUR
FÆRANLEGT
FEIMINN
SJÖUNDA
FYRIRTÆKI
UPPGÖTVA
JAKKA
ÖMMU
HRINGLAGA

ENGIFER
LEITAR
NEFNDIN
SJALDAN
BLÓMA
SVEPPIR
SIGLA
NEMANDI
EIGANDA
MÆLA

Puzzle 44

```
F A U R H R L F M F F V Y M C
V J G R E I N I L E G A I A R
I A Ó Z K W D O O H L Y Ð H O
R E L R Y U U R L L S A Í T C
K G C U Ð X M U N A L Ó K S O
T Z C K R A H Ð R U L R S A D
K Y T I R A K E R F A M Y T I
N R M E V L V L U N D R W T L
E U E V V T S K J T N A L Ó E
I F M P A M M O R T E A H I S
K E L U P K X R S O K K A R T
V H G Y D A A T K V Æ Ð I A H
Æ F W W W J N S R L I S P M Y
Ð Z X O E M K O F F E R B F G
```

HEFUR	ENDA
SOKKAR	FREKARI
VIRKT	CROCODILE
SKÓLANUM	VEIKUR
ATKVÆÐI	ALLS
TILRAUN	SKÍÐI
STROKLEÐUR	ÓTTAST
NEIKVÆÐ	GREINILEGA
TROMMA	KREPPAN
FER	FJÓRÐA

Puzzle 45

```
A  L  Í  V  H  F  S  I  O  K  K  N  T  O  J
L  Ð  D  L  P  X  K  H  P  K  U  R  X  W  M
A  Þ  L  I  B  E  U  A  W  V  U  B  B  S  D
T  E  N  A  J  T  G  Æ  V  L  I  K  I  M  A
I  K  Ú  S  Ð  H  G  S  F  E  R  S  K  U  R
S  K  T  U  E  A  A  Ú  S  K  Ý  R  A  N  G
Í  I  Í  A  N  E  N  H  L  E  Q  B  B  Á  V
V  N  M  L  D  T  E  D  O  L  B  A  L  L  C
R  G  A  O  U  I  E  L  I  X  G  V  K  P  Q
A  W  H  R  R  L  R  E  T  E  L  J  A  R  A
N  K  K  M  T  B  G  O  R  Y  M  I  L  H  F
G  W  Z  U  A  Ú  J  G  I  M  G  U  K  N  N
A  T  Y  R  K  I  T  R  E  Y  S  T  A  W  K
R  S  E  V  A  N  L  J  Ó  M  A  N  D  I  X
```

VÍSITALA	TREYSTA
RANGAR	ORMUR
SKUGGA	HVÍLA
TELJARA	FERSKUR
TILBÚIN	NÁL
ÞEKKING	LAUSA
AÐLAÐANDI	ELDHÚS
ENDURTAKA	GREEN
NÚTÍMA	MIKILVÆGT
LJÓMANDI	SKÝRA

Puzzle 46

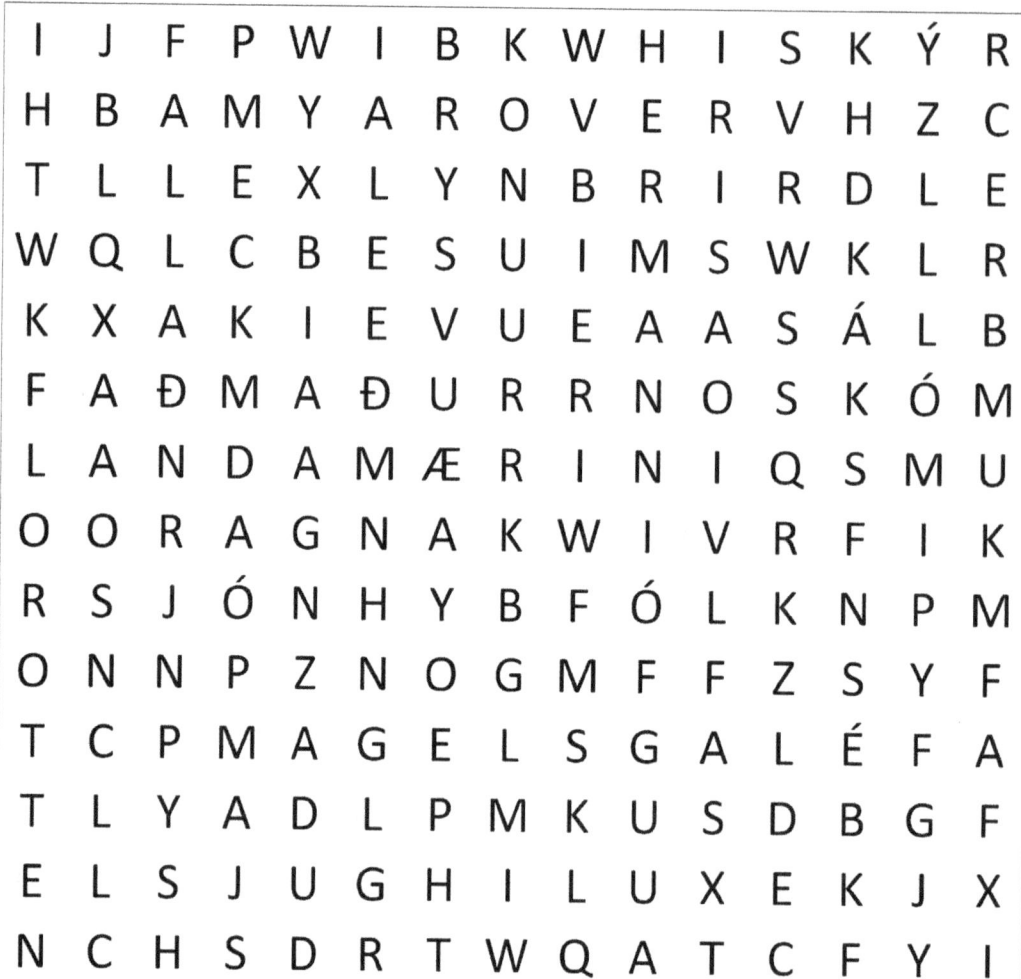

I	J	F	P	W	I	B	K	W	H	I	S	K	Ý	R
H	B	A	M	Y	A	R	O	V	E	R	V	H	Z	C
T	L	L	E	X	L	Y	N	B	R	I	R	D	L	E
W	Q	L	C	B	E	S	U	I	M	S	W	K	L	R
K	X	A	K	I	E	V	U	E	A	A	S	Á	L	B
F	A	Ð	M	A	Ð	U	R	R	N	O	S	K	Ó	M
L	A	N	D	A	M	Æ	R	I	N	I	Q	S	M	U
O	O	R	A	G	N	A	K	W	I	V	R	F	I	K
R	S	J	Ó	N	H	Y	B	F	Ó	L	K	N	P	M
O	N	N	P	Z	N	O	G	M	F	F	Z	S	Y	F
T	C	P	M	A	G	E	L	S	G	A	L	É	F	A
T	L	Y	A	D	L	P	M	K	U	S	D	B	G	F
E	L	S	J	U	G	H	I	L	U	X	E	K	J	X
N	C	H	S	D	R	T	W	Q	A	T	C	F	Y	I

SJAMPÓ
HERMANNI
FÉLAGSLEGA
FAÐMAÐUR
FALLA
VEIKA
KONU
PYLSUR
BLÁSA
MISSA

ROTTEN
LANDAMÆRI
ALMENNA
SKÓ
KANGAROO
ELDRI
IRIS
SJÓN
SKÝR
FÓLK

Puzzle 47

```
P G D F B D X X V F X L I N Z
O C N G Ö Þ S B E I V J N G E
Ö K U T Æ K I Ð R R C E A D H
U K F S A S L Y N E U K I M R
N T Ö Y Y Q T E D F H T E T S
A G H D W R S J A L I P F J A
E Y Ð I M Ö R K Ó Y L U A A L
F L J Ú G A P Ö A R P D X D L
Á K V E Ð A G T T T N E X N Y
M M Y B I A J S B T C A T I M
L Í T I Ð I Z I U U G L A B A
K A X E X S A M R R V O Y R R
S P U R N I N G Ð H E S T U R
Y Ð A R G N A N I E E V A K L
```

AFTUR	LÍTIÐ
HÖFUND	BINDA
ÖKUTÆKIÐ	FLJÚGA
ÞÖGN	MYLLA
EYÐIMÖRK	SPURNING
STJÓRNA	UGLA
ATBURÐI	FIREFLY
MISTÖK	EINANGRAÐ
VEITA	ÁKVEÐA
VERNDA	HESTUR

Puzzle 48

```
L Í K A N G A V J H H R V A V
I U Z P K S I M F O U Y A S A
Y F C C I F Ð I E X G Z X N L
L B G S T U R T A R A F A I D
D Y O H Y B Y R E K I I J Ð A
K Ö F N X J L C W C G C L I R
Y P G I E T I C V O I D A A A
W R I U Ð H K F Æ R S L U N V
X X J G N L S M U N N I N N S
F U L L O R Ð N I R U Ð I V O
U U M S N Y R T I L E G U R N
S V E I T A R F É L A G A B N
T B A S E B A L L N U F P N S
E S F I G R O D Q B V F X E A
```

SKILYRÐI   SVEITARFÉLAGA
HUGA   LYFIÐ
STURTA   VALDA
VAXA   SNYRTILEGUR
VIÐUR   DÖGUN
SNIÐI   BASEBALL
LÍKAN   SVARA
FÆRSLU   SON
AMERICAN   MUNNINN
VOID   FULLORÐNIR

Puzzle 49

```
S U B J Z J Y A Y B F O O U V
P Y M F Z W E J F V W P W P S
O V N A L B U G I V Y N U P A
R I E G I U H L G P N A X B M
T B J Y J F F Y T T V R O Y S
R V Í N J A Z F P U A I W G T
E W A M Ó Ð U R Y E Y M D G A
T L T T G E L R A D N U B I R
T K T E R Ð E Z Ö S N B P N F
Ö P A B B I Q U T V X H G G S
S Z K C V F U G Q C D A M U L
K J S G E Í S T A Ð R E Y N D
U U L I W L M Á L N I N G U G
R L Í F F R Æ Ð I W L V T B Q
```

MÓÐUR
LÍFIÐ
SKATTA
SYNGJA
FLUFFY
LÍFFRÆÐI
VÖRU
MÁLNINGU
ÖSKUR
OPNARI

GAF
SAMSTARFS
FYLGJA
STAÐREYND
UPPBYGGINGU
EYMD
VÍN
PABBI
PORTRETT
UNDARLEGT

Puzzle 50

```
E C H I R X Z B É S C Q E W I
I S S E Þ T S D F T T X I N U
N Q V P O V R R Ð Í U Q K T X
M T I Þ E K K I U F W K N E R
A C Ð D O X D M A X D Z E F A
N M U K Ö T M A S I N K Æ L F
A C R R Z X L O F A Z S T H M
A J K R E M A R F Ð E M Z U A
Q N E S I N T A V U P Á S N G
N Z N F F Ú N F A J L R W S N
H C N M I R F A Y R T T Q A S
Q E A R Æ B A M I E H K V R N
L J Ú F F E N G U R M R R N T
E A W B A U N I R U A L P E J
```

BAUNIR	VIÐURKENNA
LÆKNIS	SAMTÖKUM
RENNA	JAFN
STÍF	EINMANA
HEIMABÆ	HUNSAR
SAUÐFÉ	LOFA
SÁPUVATNI	ÞEKKI
MERKJA	LJÚFFENGUR
BRÚN	MEDFRAM
RAFMAGNS	ÞESSI

Puzzle 51

```
S  Q  U  L  H  I  F  A  R  Y  E  H  L  I  T
L  Z  Y  Á  E  X  A  L  J  L  I  A  L  D  O
Á  Í  O  N  R  I  V  I  H  A  N  I  Í  N  I
H  F  F  I  R  Z  R  S  E  P  S  Ð  B  A  H
Y  T  W  I  A  H  Q  T  Y  L  T  Æ  C  Ð  R
G  F  R  B  L  Á  M  A  D  N  A  V  D  Ó  Æ
P  H  I  E  R  Y  N  M  S  Q  K  S  T  J  Ð
B  U  A  R  U  G  N  A  R  Á  A  U  U  B  I
X  L  F  Á  L  I  O  Ð  V  W  Z  N  V  M  L
K  A  O  L  M  E  F  U  P  J  S  N  A  A  E
H  Y  O  K  G  E  I  R  J  M  K  I  G  R  G
I  D  N  A  K  A  T  T  T  Á  Þ  V  G  F  S
O  D  I  D  N  U  G  E  T  J  S  H  A  B  K
R  A  N  G  T  U  M  T  B  K  L  Q  X  G  J
```

BÍLL
LISTAMAÐUR
HERRA
RANGT
ÁRANGUR
KLÁR
LÁNI
BLOKKUM
VAGGA
YFIRLEITT

VINNUSVÆÐI
LÍFI
VANDAMÁL
HÁLS
EINSTAKA
ÞÁTTTAKANDI
TEGUND
TILHEYRA
FRAMBJÓÐANDI
HRÆÐILEG

Puzzle 52

```
E I N F A L D A B Ö R E U U H
T A I R L N V N J R L H B F A
V M N B Á P I N S U A C V G F
Ö U R O P J Ð E F G N B Ó K T
F N Ö R Z V B R K G G H O O X
A I B Ð I X R B L U T Q D S X
L G R C V O Ö S A R W X D A T
T E S Æ T G G L U L Q M P N S
O V I U V M Ð Q F A U S U C E
Q Ð X L R A G N I M L Y K S M
C Ó K V Ö L D U R J Q U K Y J
F J Á R H A G S L E G A R J A
A Þ V E S P E G I L L R F Æ W
M F O V D X L T K C U Y K M K
```

KLAUFIR	KÆRULAUS
VÆRI	JÁRN
ÖRUGGUR	BÓK
SEMJA	SPEGILL
KVÖLD	FJÁRHAGSLEGA
BORÐ	LANGT
EINFALDA	VIÐBRÖGÐ
BÖRNIN	HAFT
BRENNA	SKYLMINGAR
ÞJÓÐVEGINUM	TVÖFALT

Puzzle 53

```
D E Z V K A M I O P M L S S U
Á F J Q H Y H U O G H D N V E
K T G E L S G A H A N F E A O
O B A G U L F A K E R D B R S
S E G K K V Ö L D V E R Ð U R
N S N S O M G T E A S T Ó R M
I T I J A R I F J A R L Æ G K
N B R X K M D N U P C L H U E
G L P H A P F A N G R Æ Ð U T
A L S T K L O É Y I S R W R I
R H E P P N I G L V R X G Ö L
W A G S O U T O G A Z Z F V L
B D A Y D V V S U S G S G L M
A U S T U R R I F U A S L A N
```

ÁTAK	HEPPNI
SVAR	AUSTUR
BEST	FJARLÆG
STÓR	KVÖLDVERÐUR
KAKA	GOS
FUGL	KETILL
MINNIR	SAMFÉLAG
KOSNINGAR	SPRINGA
RÆÐU	ALVÖRU
EFNAHAGSLEGT	DREKAFLUGA

Puzzle 54

```
L  T  Z  J  E  B  N  F  U  L  O  S  Þ  H  C
Ö  Ö  G  E  W  F  M  G  U  E  B  V  R  Æ  I
V  A  G  G  E  V  F  Q  T  A  M  Í  I  F  Þ
D  V  É  R  S  K  O  T  R  M  P  A  Ð  I  E
W  I  N  F  E  K  R  E  V  Æ  J  N  J  L  K
M  G  K  L  K  G  T  O  T  W  N  S  U  E  K
T  V  Æ  R  A  D  L  E  R  P  V  A  D  I  I
P  A  S  G  N  E  M  U  X  M  W  P  A  K  N
V  Y  Z  N  S  U  S  T  M  T  T  Æ  G  A  G
B  J  Ó  Ð  A  K  A  B  J  A  I  N  U  I  A
W  R  S  U  X  L  R  S  G  K  Ð  R  R  N  R
T  R  Ú  A  R  L  E  G  Æ  M  M  U  L  Þ  F
Y  N  W  Z  J  Q  T  Y  T  K  Z  L  R  A  S
U  A  L  C  Q  G  M  S  I  A  G  E  L  R  Á
```

HÆFILEIKA	ÞRIÐJUDAGUR
SNAKE	TVÆR
VEGG	KNÉ
RÆNA	ÞEKKINGAR
GÆTI	ÞAR
VERKEFNI	TRÚARLEG
DVÖL	SVÍANS
TEXTI	BJÓÐA
LÖGREGLUMAÐUR	SKOT
NÆPA	ÁRLEGA

Puzzle 55

```
T D O U M Í L A W X N W E H H
Þ J Ó N A N N I F D U D B V R
M Z F U Ú L A U G A A H V A E
S L R G R U T Á K O J L U L Y
N A O Ö T Z E K N V L J W U F
Á D M L Y J T Q W V I S W R I
K X R Þ P I Ð R A V K I L Æ M
V T L U Y G P N I K S L Ó S Y
Æ N X L K A Y U L Ð N Á Z N
M F R U L L K G X T A D I D D
N J T X O E U J R T I J P O I
I Z O C H U A N A Z M Q N N R
N A S H Y R N I N G U R W O L
H A G S T Æ Ð H Á D E G I N U
```

ÞJÓNA	TRÚA
MÍLA	NASHYRNINGUR
MÆLIKVARÐI	HAGSTÆÐ
HVALUR	HOLLY
NÁKVÆMNI	AÐSKILJA
LÖGUN	FINNA
SAMÞYKKJA	DÁLK
HREYFIMYNDIR	KÁTUR
DRULLU	AUGA
SÓLSKIN	HÁDEGINU

Puzzle 56

```
Z K C D M K X L D J Þ G B A T
Q B D M P E V I N U J V I T L
H R E Y F A I E E Y Ó N Z Y P
M E R K I Ð W R N E T S Á E Z
R M U K S I D J I K A T Á R G
U M R V R T B L S H Y G S B H
T N P Y E I H I T I L N N P L
A G A D D L A J G C Z U S P U
L I F A N D I B N Y R J T U T
R D O F E S N J Ó K A L L I F
P S V I P A Ð Y V G E H S B A
H Y K B A X C U G F K Y P J L
R E I K I S T J Ö R N U R Ó L
V O J O J F H Z R A N N F R N
```

ÞJÓTA   DISKUM
BJÓR   SNJÓKALL
GJALDDAGA   MERKI
SVIPAÐ   GRÁTA
ÁST   REIKISTJÖRNUR
LITIÐ   LATUR
MEIRIHLUTI   VEL
KVENKYNS   HITI
HREYFA   HLUTFALL
BREYTA   LIFANDI

Puzzle 57

```
L  E  I  Ð  T  O  G  A  F  U  N  D  I  J  S
S  Ó  L  A  R  H  R  I  N  G  I  N  N  J  T
V  I  Ð  B  R  Ö  G  Ð  I  N  A  N  O  K  J
A  T  R  A  J  H  P  M  N  H  Q  Z  P  W  Ö
P  Ð  A  J  F  J  R  H  I  D  K  E  G  M  R
L  S  Ú  K  I  A  P  F  P  T  M  I  T  U  N
Á  U  A  R  F  I  L  K  D  M  O  T  G  I  U
J  K  N  J  B  J  G  A  M  M  O  T  E  N  I
H  K  Æ  B  L  Í  Ð  U  R  O  G  H  L  F  E
F  O  R  R  É  T  T  I  N  D  I  V  U  E  Q
J  L  T  S  F  S  U  I  U  W  E  A  G  R  D
U  B  S  P  E  A  C  A  R  Y  H  Ð  Ö  L  M
Y  C  E  A  F  L  D  C  R  G  G  S  M  I  U
J  Y  V  Z  W  P  C  S  F  B  C  B  P  V  H
```

KLIFRA	BRÚÐA
VIÐBRÖGÐIN	EITTHVAÐ
FERLI	FORRÉTTINDI
HJÁLPA	BLOKK
HJARTA	SÓLARHRINGINN
BRAUT	TOMMA
MÖGULEGT	VESTRÆNA
STJÖRNU	LEIÐTOGAFUNDI
BLÍÐUR	PLAST
ENGI	KONAN

Puzzle 58

```
H N R T D H B G N U G N Ö L O
L F A U N N I V T T H O G J J
Ú T S K Ý R A K I Ö Ð R E V S
F B J A S M U S A G E Ð P K I
Á V Y N I H W Y L N R U Ð I N
H L O I S B N I R I U R A L F
U Z Z T E L T A A R K S L B A
G H S U J N G H K H Í I V A S
A G E L M A K Í L A R N A N A
V A R H Y U S J Y L S S R G K
E O D Y I X F S Z S U V L U Ó
R S Q H V X B K K U K F E A B
T N N U Þ Y I I V G J N G D P
N D H A N D A H Ó F I Z N K K
```

AUGNABLIK
ÞUNNT
BÓKASAFN
ALVARLEG
LÖNGUN
LÍKAMLEGA
NIÐUR
NORÐURSINS
ÁHUGAVERT
GÖTU

VINNUAFL
ÚTSKÝRA
ELTA
KARLA
HLUTINA
SVERÐ
RÍKUR
HIKA
HRING
HANDAHÓFI

Puzzle 59

```
Q  B  R  N  Í  O  F  O  R  M  L  E  G  A  P
P  L  G  R  A  K  K  A  R  K  L  M  Q  S  X
F  A  Y  Ó  M  I  Q  M  X  U  A  A  F  A  M
S  A  N  F  U  A  U  W  J  Y  L  C  K  Q  A
E  Q  I  R  Y  E  X  T  Y  V  M  L  W  T  Ð
X  K  G  U  U  F  S  I  P  P  U  K  O  K  U
K  E  N  N  A  E  M  L  C  K  S  F  N  B  R
B  J  I  L  A  R  E  V  G  O  B  L  I  N  Z
M  U  N  P  V  I  K  I  J  B  O  O  G  I  G
B  J  T  K  S  L  K  T  Q  K  E  G  N  G  I
Q  Y  T  G  K  L  P  N  R  H  L  Ó  E  M  Q
S  O  O  I  H  S  Q  U  X  L  B  W  L  T  A
J  V  R  W  F  M  D  N  J  S  Z  A  O  D  U
U  N  D  I  R  S  T  Ö  Ð  U  T  Ó  L  F  X
```

GOBLIN	FÓR
FERILL	LYF
TÓLF	SMEKK
GETU	MAÍ
KENNA	MAÐUR
BOLLUR	FORMLEGA
LENGI	EYRI
TILVITNUN	DROTTNINGIN
KRAKKAR	UNDIRSTÖÐU
HLÓ	UPPI

Puzzle 60

```
G  R  U  Ð  A  M  G  U  L  F  L  R  Þ  M  A
A  T  S  F  G  Ó  S  O  L  I  I  A  Y  Y  I
U  G  N  Q  I  T  U  K  O  J  S  N  N  G  C
N  C  E  M  R  E  P  P  I  L  F  N  G  S  X
D  J  F  N  N  L  C  V  G  Á  B  S  D  W  A
I  D  R  G  T  Q  J  Q  A  K  Z  Ó  F  E  J
R  Ö  A  H  X  H  X  E  L  S  M  K  I  X  Z
B  G  M  Y  S  F  E  A  U  X  T  N  G  Y  R
Ú  G  H  F  H  W  F  I  L  Q  H  I  L  S  S
A  E  J  F  J  A  L  L  L  A  J  R  O  G  E
B  U  Á  J  P  L  Ó  M  A  D  X  Q  E  N  N
S  I  Ð  F  E  R  Ð  I  S  L  E  G  A  D  A
L  I  Ð  S  F  O  R  I  N  G  I  J  O  K  P
T  Í  M  A  R  I  T  F  R  I  Ð  S  Æ  L  A
```

FJALL	LAGI
HEILD	TÍMARIT
DÖGG	FRAMHJÁ
MÓTEL	ASNA
RANNSÓKNIR	FLUGMAÐUR
AGENT	FLIPPER
FRIÐSÆL	LIÐSFORINGI
UNDIRBÚA	ÞYNGD
SIÐFERÐISLEGA	SKÁL
ENN	PLÓMA

Puzzle 61

```
T S L A Z M M A M H D O D M G
U N I O F E A Ú N S F N P I R
N Y N F D I M A S R A K G S Í
G Y C E X R U G N U N O K T N
U L V P R Ý K P I L S R R A A
M K X E V B R N H A V E E K S
Á E R Ö S K U N V T X I V A T
L I D N Ý S A I Í Y Y Ð T S L
D N D G F I L L T O T H U T W
Z U M M N Q E I K U Q J L U J
C N F X W E G S Á K I Ó H Q N
K L P O A H L N L S J L C T U
M X B S L K R E F N G M Y N T
E Z N Y K S O P G X U A U A J
```

SNÚA
PENSILINN
MEIR
RÖSKUN
MISTAKAST
SÝNDI
HVÍTKÁL
BRENNT
HLUTVERK
MYNT

LENGD
EINU
PILS
GRÍNAST
KARSA
KÝR
MÚS
KONUNGUR
REIÐHJÓL
TUNGUMÁL

Puzzle 62

```
L L H X L Q A W H Z F D N J N
T S B V P I P A R J R I I A R
V M Ý C Í P V Í Q K A T S A K
L U R A F T Q S G Ö M U G E V
P E C V K V U E Ð R E G T I R
B A R N E Y K R V F F B U T H
M L Á T S M I F Y U X T Q Ó I
A L Q W N R V K Z I I P A M M
R I O B Ó K A S K Á P U R B I
K T G T M H E L G I N A G T N
A S I R W Z Q U O T I E N T N
Ð N U W T Z G B U J S N A K P
U S Y U D N B G M P W P L P N
S P G X Q V Ö X T U R C B Q Y
```

FRAM	BAR
STÁL	BÓKASKÁPUR
MÓTI	HIMINN
MARKAÐ	BÝR
VIKU	STILLA
VEGUM	KASTA
KÖRFU	PIPAR
VÖXTUR	FRESÍA
QUOTIENT	HVÍTUR
RITGERÐ	HELGINA

Puzzle 63

```
T Q Q U W U A V U L F Z M S H
K Q H W J Y Ð I M O K L E V L
A J Q I M N K N E F Q A N E I
I N N L E N D I S O E R W I Ð
J W N L D U D R A K E R F F F
V W A I Q T Ö T Í U N D A L L
O I D M V S R Y Y P A S R A U
K S Ð V M U D B S C N F Æ R G
G L Ö V P L F T M B W B F E A
I P T A Ö H U L E A J H N K V
N N S P V R E M J F I S N S G
L D Z U W Q U X K Ó Y D A L L
B L E K K J A N K U N Q S X B
S M O K K F I S K U R I O R D
```

HLUSTUN	INNLEND
TÍUNDA	RÖDD
STÖÐ	LADY
VELKOMIÐ	SVEIFLA
VINIR	SMOKKFISKUR
FLUGA	LJÓNI
VINNA	SKERA
VIÐVÖRUN	SANNFÆRA
MILLI	HLIÐ
BLEKKJA	FREKAR

Puzzle 64

```
O C C S S A G T V Q F R X P T
R X C U J W Y A S Z U I G C E
E S X F D Ö V Q N V N S J B Q
V K A Z F G T P N Q D Í I O M
I S V F R A N T T S U M T K L
S L K X J X K A A L S I H E E
S O C V Z F V O J Æ T B A Ð I
U E M Y A U T S U K Í R N J K
B M S T T N M W P K K G S A F
C A N A R Y N K Y U D E P A B
R P A R S N I P H N E Z Þ C P
S J Á L F S T Æ Ð A I M W B K
G O O S E B E R R Y R Ó C T Y
V I S S Q R G I L D I D N Ó B
```

LÆKKUN
FUNDUST
BÓNDI
VANN
VISS
SJÁLFSTÆÐA
VISSU
KEÐJA
CANARY
SJÖTTA

DÓM
LEIK
PARSNIP
SAGT
HANS
ÞEKKJA
GOOSEBERRY
RÍKUSTU
SÍMI
GILDI

Puzzle 65

```
G F X G U N W L H K V N S N E
G E I G E F T H E S O Í E P Q
P S L Ð D L Ö J H D R U G M L
H E Y T R U D N I V U L J O E
O H T Ð A I R A M A H R U S G
C W Z I F G L T S G A Y M L G
R F O G A W Z D R U F Þ T E J
G R R A S F F S I H A C U P A
S K I L M Á L A N Í P B O P Z
Q B H É W Z Q L K H H Z M A A
G N N F Ö H T A R M A U Q A D
N X U M W J B B I B U E R R E
B A E A G Z Z B V U M Y R F E
Y F O S C R E G N S K Ó G U M
```

ÞYRLU
ATHÖFN
GELTA
SLEPPA
VIRKNI
REGNSKÓGUM
HAMAR
VORU
ELDA
HEY

SAMFÉLAGIÐ
FIÐRILDI
ÖLD
LEGGJA
NÍU
SAFA
ÍHUGA
VINDUR
SEGJUM
SKILMÁLA

Puzzle 66

```
S  T  I  M  P  I  L  L  G  T  V  L  Z  U  D
F  M  D  P  R  R  U  P  L  E  T  S  O  C  F
E  A  Y  C  A  J  N  E  V  F  F  H  V  S  Z
R  K  R  A  Ð  E  H  Y  B  I  X  I  B  E  T
Ð  Í  P  X  A  R  Y  D  N  A  T  U  N  H  T
M  R  G  F  J  X  K  K  N  T  D  L  P  N  W
R  S  H  J  Ó  L  M  H  U  D  J  L  Z  I  J
Q  R  U  N  Í  S  Ú  R  R  V  C  I  J  E  Z
A  U  Ð  V  I  T  A  Ð  G  P  X  P  A  L  N
P  G  F  Y  R  I  R  T  Æ  K  I  S  F  B  N
K  N  F  R  A  M  L  E  I  Ð  S  L  U  Z  W
A  A  L  A  N  D  N  Á  M  S  M  E  N  N  E
U  R  X  C  V  L  J  Ó  S  M  Y  N  D  K  I
P  Á  L  T  F  N  C  V  G  H  L  R  D  B  F
```

STIMPILL	API
GRUNN	DYR
ÁRANGURSRÍKA	PILLU
FRAMLEIÐSLU	LOST
FYRIRTÆKIS	UTANDYRA
AUÐVITAÐ	GEFINN
STELPUR	RÚSÍNUR
LJÓSMYND	LANDNÁMSMENN
JAÐAR	FERD
VENJA	HJÓL

Puzzle 67

```
K G P E S E L Á H Z H M I E M
O A J Ý N K E R R W B L W C T
S G S S A L S Á D R M H Ö Z U
T N H N W J H S I D A R W Ð C
N L V C U M T A Ó M L R I T U
A E E I M H B R S T R L Q R D
Ð G R F W Z Z G T R A L D T U
A A F X Y V V J Ö S N I B O R
R R A D A R H A Ð S R Q E Q J
Ó V I N U R R R U J Ó W U P F
W Z O S D S P N G Á F D K L B
S É R S N I Ð I N V H L É P G
M Y N D A V É L R A I H J S Q
H J Ó N A B A N D R C F H Q Q
```

ROBINS
FYRR
FÓRNARLAMB
ÁRÁSARGJARN
HLÖÐU
HUNSA
ÓVINUR
KNÝJA
HLÉ
ÓSTÖÐUG

RADISH
SÉRSNIÐIN
MYNDAVÉL
RIT
SAL
HVERFA
SJÁVAR
HJÓNABAND
KOSTNAÐAR
GAGNLEGAR

Puzzle 68

```
N F B D S U N S T H J S E I L
I E A S F E R K Z Æ D V V L Z
R T K L L U O J M G A A I A E
A O A T I V X Á U I G L R M F
F Y R A A Ð L L S N B I Ð E M
E O Z S S R Í F K D L R I Ð B
A C C I S Q B T Ú A A D N A Í
X R T W T J U A F S Ð G G N Ó
M Z F C W E G H F T G I T S M
S E I N N I I P U Ó U V E J Y
T A N N K R E M Y L P H L L N
H Y F Q O B L J B L Z T I H D
B T B S T R Y J Y O D P Z S D
F H Z T B V L K U Q C V E D X
```

STIG
BÍÓMYND
SVALIR
FALIÐ
FARIN
SEINNI
LEIGUBÍL
RAKA
VIRÐING
SKJÁLFTA

MEÐAN
NEKTAR
DAGBLAÐ
TANNKREM
SKÚFFU
LEIÐ
SAT
HÆGINDASTÓLL
REFSA
COYOTE

Puzzle 69

```
V B M M K G L Q C L A V G H V
E Ú H W V N I G Z Í U K W A I
R S T B Ö R E R F K I C P G Ð
S V M T L L E H Ð A X P Z K S
L Æ I G D I Z D Q I S D R E K
U Ð M E M Ð O Y O U N J I R I
N I U L Á A H R A Ð A G R F P
A J N U L S S B P C F N A I T
R V G J T G A L X Y E U U R A
C H Ö N Í U X K V F R M C X V
L A S E Ð H N A N D R R O Y I
O H M V I T X O V A E Ö T C N
C R U G N A G L I T T H U V I
K X E G A N F E T S Ð Á R I W
```

HUGSAÐI
BÚSVÆÐI
HELLT
HÖRMUNG
OTUR
SAKNA
RÁÐSTEFNA
FERRET
TILGANGUR
KVÖLDMÁLTÍÐINA

LÍKA
VENJULEGT
HAGKERFI
VAL
GIRÐINGAR
UMSÖGNUM
VIÐSKIPTAVINI
CLOCK
HRAÐA
VERSLUNAR

Puzzle 70

```
H M K A B K E Q D S T Y Ð J A
I L B P R V W D S R T H C B J
M Y R F K I C I V H E E I F A
I T I T A K S Ú M N F I B N G
N Ð O N Z M G U C E Q T F S E
S K Á L A Y H Z N T A O Y A L
V T I R U N Í L Q A O A U F R
O K J Æ I D M E S A G U H T A
W R B B I A D R G Á A Þ H A Ð
F E H J Q H E J O L F Ú U N Í
A M A L Q Ú I F J F F S K Í R
H V O R T S L O K U Z U N P G
T F Z A N D D G Q R X N Y S K
K A N N A Ð H V O R T D S L C
```

HNETA
DREIFA
SPÍNAT
ÁLFUR
STYÐJA
MÚSKATI
ÞÚSUND
LÍNURIT
KVIKMYNDAHÚS
ATHUGASEMD

SKÁLA
GRÍÐARLEGA
BÆR
MERKT
DEILD
ANNAÐHVORT
SUN
RÁÐ
HVORT
HIMIN

Puzzle 71

```
H U W B F Z F W R F D C S K Q
U R Ö V R X K Y Q Z U S N Q G
X I U T Y Z Ó H N X N P E H S
Y N P K Q D N F I D N Æ R F T
K K P O K Ð G I F C I Y T K E
I Æ G X G U U R A L I Ð A J F
V L S T R T L L F W K A R Ö N
U E W D C O Ó S K R Á F E L U
R R R U G N A V T T E V G F L
Æ Z E I H V E R N I G P L A J
M W D U Ð A R L M A L S A R Ó
U M N N H O M B T P D Ó V E S
R B C F P J J H N N Ý J A N I
S V A Ð A L E G U R Q L G Y J
```

LÆKNIR	LJÓS
FYNDIÐ	SNERTA
FRÆNDI	AÐILAR
NOTUÐ	KÓNGULÓ
KJÖLFAR	VÖR
VERIÐ	HVERNIG
VETTVANGUR	SKRÁ
RÆMUR	HRUKKU
NÝJAN	ALGERA
STEFNULJÓS	SVAÐALEGUR

Puzzle 72

```
T Í M A B I L N N Y R G P H T
S F B R A R O D C D U R P Z T
A L A Á E L K A R Q R N I K É
L M K L W S C T Ú A J K Y E R
X I B K D J W H T V U A K M I
V A G J J A A U G F B G A V Z
F C Z G V B A G Á W A P U G U
Y T P Q J I Y U F O F F I R T
R H D R E A K N A S Ó L Ó H G
R H W O N S S J Ó N V A R P E
U M I E A Ó K V W C U B H H R
M A V Y U J Z U F O B K T B A
B F M A T K A F M Æ L I W R S
C I J A R Ð A R B E R S Y I T
```

ELK	NAUT
GERAST	BAK
DRAUGUR	REYKJA
ATHUGUN	JARÐARBER
KLÁRA	KJÓSA
RÉTT	SJÓNVARP
FYRRUM	AFMÆLI
SNOW	LIGGJA
TÍMABIL	SÓLÓ
AFI	ÚTGÁFA

Puzzle 73

```
H  S  O  J  O  M  I  I  U  F  E  X  I  S  N
A  N  A  Ð  R  E  V  P  Z  R  F  B  K  I  Q
U  J  R  N  T  P  K  L  B  Æ  M  K  M  W  C
R  Ó  R  D  U  G  F  Y  V  Ð  U  K  K  O  N
K  K  I  U  L  K  E  Q  Ð  I  E  R  F  I  B
M  O  E  F  H  R  S  G  E  L  R  U  F  Í  G
I  R  Þ  T  R  S  A  Ö  C  E  N  J  I  T  A
E  N  J  W  D  Y  D  M  T  G  Z  Y  D  K  V
H  Y  X  H  I  U  S  Q  P  R  G  U  Q  D  U
H  F  R  R  Y  A  X  T  K  J  A  K  S  N  E
N  C  B  A  L  L  A  K  A  F  Æ  Ð  I  N  G
S  J  Á  L  F  S  T  Æ  Ð  I  Ð  F  R  O  H
T  V  T  Þ  E  I  R  T  I  T  I  L  L  U  U
Z  D  G  R  Í  Ð  A  R  S  T  Ó  R  T  Y  B
```

ENSKA
GRÍÐARSTÓR
GÍFURLEG
HORFÐI
ÞEIRRA
FRYSTA
SJÁLFSTÆÐI
NOKKUÐ
ÞEIR
BIFREIÐ

BURÐARTÖSKUNA
KALLA
VERÐA
FÆÐING
EYRA
FRÆÐILEG
HEIM
TITILL
SNJÓKORN
HLUT

Puzzle 74

```
H  E  I  M  S  Ó  K  N  E  M  V  U  A  N  Q
V  É  L  V  I  R  K  I  R  U  M  M  L  P  I
V  S  R  U  G  N  U  R  F  Ö  H  R  Y  B  S
Y  O  W  V  G  H  B  T  I  E  J  Æ  O  P  P
G  U  U  Í  J  E  G  R  Ð  G  C  Ð  P  U  L
G  J  H  S  D  Æ  M  I  I  A  D  A  I  U  R
F  E  L  A  S  K  M  A  R  L  F  N  A  F  W
X  Ð  S  M  U  Ð  O  B  R  R  Q  Æ  Z  A  F
N  I  L  A  F  I  N  N  I  A  F  R  Ð  U  Y
T  R  E  F  I  L  R  K  D  L  M  G  Y  A  C
D  A  A  Ð  A  L  C  A  P  Ó  X  A  X  L  J
S  V  J  L  D  O  I  N  Ý  S  R  U  M  E  K
V  A  M  P  I  R  E  N  U  J  Y  K  T  K  Y
D  M  G  D  C  T  S  A  R  A  F  M  N  V  A
```

UMRÆÐAN
BOÐUM
VAMPIRE
ERFIÐIR
VÍSA
FARAST
KEMUR
HÖFRUNGUR
VÉLVIRKI
HEIMSÓKN

KANNA
VARIÐ
AÐAL
SÓLARLAG
KONDÓR
SÝN
INNIFALIN
TREFIL
FÆÐA
DÆMI

Puzzle 75

```
X S V V H S J Ó N A U K A E P
V J T O F E R A N N S Ó K N Z
A P F V T Y L O K V C T X S R
T X Z L C M W M U M I L Ð E M
N I M I U P V F I Ð Æ B O A F
B O L L A K Ö K U N Ð Y Q G R
U P P S K R I F T N G J P Q O
T Í M A B I L I C I R U Q Q S
N K Q R G E U É H K Y H R V T
A A D G Y E E H V I B Æ G I I
S X N Æ G L L G Y M Á T S E Ð
Z K X L M M A N D B U T J W V
S T E F N A P G C G C H O M O
S Ö K K V A S É R S T A K U R
```

BÆÐI   FROSTIÐ
LÆGRA   ÁBYRGÐ
VATN   STEFNA
VIEW   LAG
SÉRSTAKUR   MIKINN
BOLLAKÖKU   HÆTT
MEÐLIMUM   TÍMABILI
SJÓNAUKA   VÉL
HELMINGUR   UPPSKRIFT
RANNSÓKN   SÖKKVA

Puzzle 76

```
X V G R E I N I N G F Y S Q D
Q P A O M G J Ö F P I B O V Ó
R D N K G Y C X N B G C M D M
U L M N N Í M A T Í V X E S A
U R U K U A L Ó H Æ T T B I R
Z H G N Z B Ð I E L H D O T I
H I Ö M D X I I J E G E D R N
L R S E U C G W D D G U Y E Á
C U E E F D C T M N H V B K T
U P J I Z C Q Y P G A A Y U T
J M U T N Q E I C Ö P L E L Ú
F A H D X N T R Y G G J A Ý R
C V J J S U N N U D A G U R A
D S B R J Á L A Ð U R Y E G J
```

SVAMPUR	LANDI
ÓHÆTT	NÁTTÚRA
TRYGGJA	VÍTAMÍN
GREINING	SEX
DÓMARI	UNG
HREINN	VAKNAÐI
GÖGN	SOMEBODY
GJÖF	GRÝLUKERTI
BRJÁI AÐUR	SUNNUDAGUR
LAUKUR	SÖGU

Puzzle 77

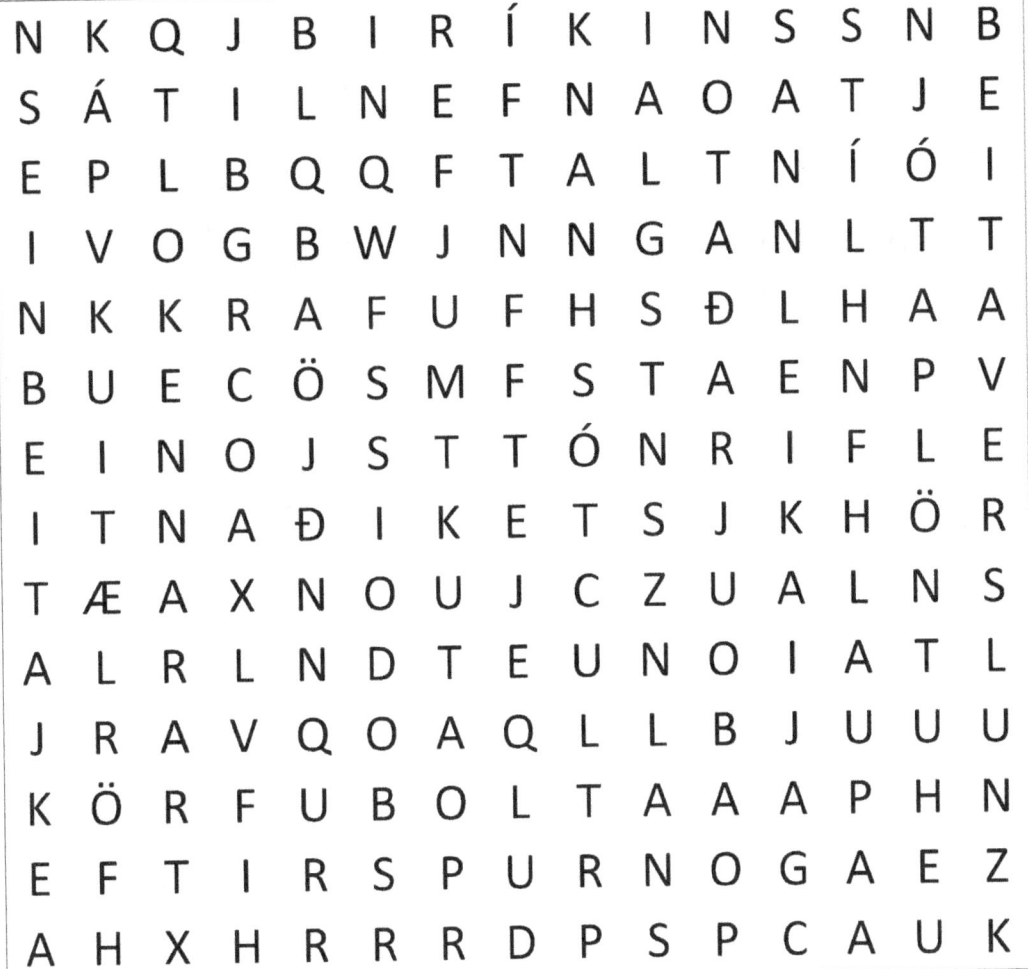

```
N K Q J B I R Í K I N S S N B
S Á T I L N E F N A O A T J E
E P L B Q Q F T A L T N Í Ó I
I V O G B W J N N G A N L T T
N K K R A F U F H S Ð L H A A
B U E C Ö S M F S T A E N P V
E I N O J S T T Ó N R I F L E
I T N A Ð I K E T S J K H Ö R
T Æ A X N O U J C Z U A L N S
A L R L N D T E U N O I A T L
J R A V Q O A Q L L B J U U U
K Ö R F U B O L T A A A P H N
E F T I R S P U R N O G A E Z
A H X H R R R D P S P C A U K
```

KENNARA	HLAUPA
KÖRFUBOLTA	BEITA
STÍL	ÖRLÆTI
TILNEFNA	NÓTT
TEKIÐ	SANNLEIKA
EFTIRSPURN	ANDA
VERSLUN	NOTAÐAR
NÁLGAST	NJÓTA
RÍKI	PLÖNTU
SPORÖSKJULAGA	EINBEITA

Puzzle 78

```
T O R B N I E B A L L L B Þ H
A Æ V G K Z M D A Z I X G Æ E
C L K Q S T U N D U M P N G I
E U C N U R O K S Á U X E I L
L G A E I H A L D I Ð N E L B
O B T Z A N G A V R O P S E R
P N S V C T W T K A I M U G I
R P A U G U S O P K G Á Z D G
I R Ð C B Z L N P K S A F W Ð
R C Í Y Q O H N V O R T F X U
K M S P E X O I S A N D U R B
K Þ U N G U Ð E W Y W A U E V
O R Ð I Ð A V H V U M D C N T
N H Æ T T U L E G A M G N Y A
```

HVAÐ
ÁSKORUN
ÞÆGILEG
HALDIÐ
TÆKNIN
SÍÐASTA
OKKAR
SANDUR
ÞUNGUÐ
ORÐIÐ

BEINBROT
STUNDUM
EINNOTA
HÆTTULEGA
HEILBRIGÐU
FÁIR
POLECAT
AUGU
SPORVAGNA
NOKKRIR

Puzzle 79

```
H E S P U I Q T G U F Ö G G R
N C É Z Ö D T A K V K U A J N
W T R A G N I L T T E V N A W
J Q S K J R N U N N Ö H G L T
E X T R O K A U A C T M I D N
Þ B A R Y E H N K P S E N G Q
J B K I L R D C N E G U U E W
Ó J A S Y P W Z I S H E M N P
Ð O L S Q T L O E L A T K G Þ
I J L E M P S L R R T K T B U
N F Ó Þ S U Ð R Æ N U M A P R
S I T U R T F O F B E L D I R
K Q S H V E I T I M K F H G T
N Æ R I N G A R E F N I U F J
```

ÞJÓÐIN
SITUR
STÓL
OFBELDI
ÞURRT
HEYRA
KORT
RANNSAKA
VETTLINGAR
GÖFUGT

SUÐRÆNUM
ÞESSIR
EINKA
PÖNNU
SÉRSTAKA
HVEITI
GANGINUM
GJALDGENG
NÆRINGAREFNI
HÖNNUN

Puzzle 80

```
T O O I K L L U M Ó B F U B T
Q K E L Y F E K J J G I G X I
N N S Z S O Q I U Q V S Ó Y L
L E I K A Í L O K N Z K N X F
D A S F G T Ð C Z A M U Æ R E
Ó T Y M U S S U V V R R G H L
M B N R H Á R R E Y Ö I J N L
N U D S T S V U Æ E J V A Ú I
E R A W A S E Ð D T M X S T A
F Ð O J E X U I S O S D E A V
N A F N T A F E G R I F Y D K
D R W R U B V R U T Æ B M U W
O Á B W V P U Z G H L B E E N
Q S H T S D C O Z C M H L S L
```

DÓMNEFND	FISKUR
NÆGJA	UMBÆTUR
BÓMULL	YFIRGEFA
LEIKARI	NÓGU
SYNDA	SÁST
HNÚTA	SMJÖR
ATBURÐARÁS	REIÐUR
ATHUGA	VAN
TILFELLI	SÍÐU
LEIKA	STÆRSTA

Puzzle 81

```
V F S L C S M Z F T R M X V S
D Æ K F L U G V É L Q E S C D
F R E K S W G Ú R K U I Í J Y
R N M L J B Z T Y S Z N Ð O E
E I M G Q Ö F H N R L A A U I
I Á T I X U T T R O P S N M K
N B A F R A J D O Æ G J Ó S A
H Y U S S K Q O H H D E T E S
V R I Ð A J R Y B S J D E A B
E G T S K T Á F R A M B U R Ð
R U F A N N U D T P B X Y Q J
N R O W I N P P E K M A S J Y
P L L G E Q I O C K K V U A N
X W N L S T P P X G S H B D I
```

SPORT
FRAMBURÐ
GJÓSA
KJÖT
BYRJAÐI
SEINKA
MEINA
DJARFA
EINHVERN
FÆRNI

ÁBYRGUR
FLUGVÉL
SJÁ
SAMKEPPNI
HRÆDD
GÚRKU
SÍÐAN
SKEMMTA
LOFTI
HORN

Puzzle 82

```
S  N  I  S  R  E  H  Z  F  M  H  S  S  F  Y
Ú  Ú  I  F  C  P  R  S  X  I  E  J  Æ  U  F
H  Y  K  N  N  Z  S  S  J  Ð  N  Á  K  L  I
A  K  Q  K  K  N  X  S  U  L  G  L  I  L  R
R  R  E  B  U  S  R  I  K  U  J  F  S  K  L
K  Á  T  W  W  L  X  Q  I  N  A  U  T  O  Ý
Ú  K  K  L  S  T  A  I  E  G  R  R  R  M  S
J  A  D  N  A  T  S  Ð  N  S  A  N  G  I  I
S  Z  Z  A  N  T  G  N  I  N  N  E  K  N  N
F  R  É  T  T  I  R  W  E  C  O  K  W  N  G
R  C  E  P  L  Ð  P  T  R  E  K  K  E  B  U
I  T  U  Y  A  G  B  E  H  L  L  I  F  Z  I
J  S  G  Z  R  A  N  N  E  H  G  A  S  R  V
X  O  L  N  V  S  D  R  S  H  L  A  H  Z  L
```

SJÚKRAHÚS	SÆKIST
FRÉTTIR	STANDA
SJÁLFUR	SÚKKULAÐI
KENNING	EKKERT
KIRSUBER	MIÐLUNGS
SAGÐI	YFIRLÝSINGU
HENNAR	HREIN
KLST	HERSINS
HENGJA	KONAR
FULLKOMINN	KRÁKA

Puzzle 83

```
M  Ó  T  A  Y  E  R  S  M  A  O  W  P  Q  Q
T  Æ  Q  U  U  I  E  K  O  N  B  I  F  Y  D
V  I  L  F  D  N  K  O  O  Y  G  U  R  B  E
C  K  L  U  W  N  A  T  L  O  T  S  R  O  L
X  O  B  G  M  I  S  T  Þ  J  Á  L  F  U  N
Á  B  N  A  A  G  T  I  H  E  I  T  A  R  I
L  A  U  F  T  N  F  N  B  Y  G  G  I  N  G
I  N  N  T  I  N  G  U  S  S  O  P  T  U  B
T  A  T  H  J  N  K  S  F  Y  T  D  C  C  M
K  N  O  O  U  T  E  I  L  S  M  Í  R  K  S
E  I  R  Þ  É  T  T  N  M  A  M  M  E  N  S
F  T  D  F  C  M  H  C  L  L  U  L  D  R  O
U  D  E  M  I  Q  V  O  L  E  Z  S  M  D  O
M  S  E  L  L  E  R  Í  J  O  J  R  T  Y  T
```

REKAST
SNEMMA
MÆLUM
HEITARI
VOLE
SKOTTINU
EINNIG
BOX
TILGANGSLAUST
ROTNUN

SELLERÍ
BANANI
BYGGING
CONFINE
ATÓM
ÁLIT
ÞÉTT
ÞJÁLFUN
SKRÍMSLI
STOLT

Puzzle 84

```
S  R  F  F  A  A  J  S  A  B  B  N  S  O  G
N  U  H  R  I  N  G  I  N  N  U  S  D  K  W
B  D  A  G  S  K  R  Á  I  N  X  J  E  K  O
R  I  G  A  H  X  A  C  Y  G  U  J  P  S  O
Ú  P  N  V  P  F  T  J  M  Ð  R  E  G  Ð  A
M  U  A  R  Y  K  L  C  R  H  U  G  T  A  K
I  C  H  X  Z  V  L  Q  M  Y  M  E  S  V  R
Ð  M  P  C  L  P  Y  E  A  I  P  B  A  V  I
S  S  N  H  Q  E  R  T  R  C  H  S  T  U  V
T  U  S  X  A  A  T  K  Y  F  P  G  F  A  F
Ö  N  W  N  O  Y  S  O  R  U  I  Q  I  I  L
Ð  F  K  Ö  T  T  U  R  A  O  W  T  G  V  Á
G  A  G  N  R  Ý  N  I  F  E  L  K  T  I  J
H  O  H  J  U  S  B  V  T  Y  G  Æ  Ð  I  S
```

CUPID	HRINGINN
GIFTAST	SPYRJA
HANGA	TRYLLTAR
GÆÐI	RYK
ERFITT	SEM
SJÁLFVIRK	AÐGERÐ
KÖTTUR	GAGNRÝNI
MIÐSTÖÐ	DAGSKRÁIN
KLEFFI	HUGTAK
BRÚ	BUXUR

Puzzle 85

```
Z  Y  E  L  D  S  T  Æ  Ð  I  P  L  F  E  G
U  Y  P  Q  A  B  W  Q  U  S  U  Y  L  I  R
S  K  I  P  U  L  E  G  G  J  A  S  U  N  A
H  E  I  M  S  I  N  S  Z  I  A  P  T  F  N
R  E  G  N  B  O  G  A  F  R  O  H  N  A  D
A  R  G  D  N  Z  S  N  T  A  M  T  I  L  N
N  C  V  Q  Z  Ö  S  N  O  T  A  E  N  D  J
I  K  V  A  G  N  T  I  I  M  T  Y  G  L  B
E  N  E  V  S  N  T  P  T  Æ  H  V  A  E  Y
R  W  K  Y  G  T  U  H  H  L  U  T  I  G  S
G  M  L  Y  P  C  T  T  E  S  O  L  E  A  H
O  T  U  E  S  T  S  Æ  S  C  J  Ö  R  U  Z
R  W  T  F  Q  S  I  M  D  Z  G  G  H  F  Y
P  G  H  O  L  U  A  A  P  W  R  A  C  O  C
```

REGNBOGA	HEIMSINS
STUTT	PINNA
VAGN	LÖG
SLÆMT	HORFA
TÆMA	GRAND
KEYPTI	ELDSTÆÐI
FLUTNINGA	GREINAR
TÖNN	HOLU
HLUTI	SKIPULEGGJA
KYSSA	EINFALDLEGA

Puzzle 86

```
T L X A X L T I D R E K I Z S
F J Á R F E S T I N G P Y B H
S Í T R Ó N U Í T Á J R Þ L A
S V O S K R I F S T O F A V R
S A N D K A S T A L A D V Q P
W Z O X A L D Q M P R I W O E
C J W C L A D L A H I N N I N
M B A U W Ð I F E N W M G X E
O P I N B E R U Ð U S W W N R
K Y L F U M V I N S Æ L A S T
L O F T S L A G Q G D U F T K
X X H Þ M Ó Ð U R M Á L U T K
H G N I V T K L L N P E R I Ö
J Q T Q B O C R K T F U P Q D
```

LOFTSLAG
SÍTRÓNU
OPINBER
ÞRJÁTÍU
SUÐUR
FJÁRFESTING
KYLFU
MEÐAL
SANDKASTALA
SHARPENER

INNIHALDA
NEFIÐ
DREKI
SKRIFSTOFA
MÓÐURMÁL
DÖKKT
SVO
ÞVO
VINSÆLAST
PRUFA

Puzzle 87

```
F  N  R  E  P  P  O  H  S  S  A  R  G  M  Á
R  Ö  B  Ú  A  S  T  Y  J  K  M  Ý  N  Ó  R
U  I  S  P  S  A  G  M  Á  H  E  D  O  T  E
G  Y  G  T  U  D  F  C  L  D  N  I  L  O  I
N  H  I  N  U  A  U  R  F  E  R  P  A  R  Ð
I  S  S  V  I  D  S  C  J  W  H  Z  F  H  A
F  L  G  P  A  N  A  B  J  Á  H  E  F  J  N
Y  Á  R  U  T  E  G  G  N  F  L  C  U  Ó  L
W  N  D  S  I  B  R  A  U  X  W  S  B  L  E
P  A  Z  Q  I  R  L  A  P  R  R  F  U  I  G
P  R  J  Ó  N  A  M  E  R  K  I  Q  I  M  U
R  A  U  N  V  E  R  U  L  E  G  U  R  T  R
H  R  Y  Ð  J  U  V  E  R  K  T  R  L  G  O
E  Y  Ð  I  L  E  G  G  I  N  G  U  N  Y  E
```

PRJÓNAMERKI	LÁNA
EYÐILEGGINGU	HRYÐJUVERK
BUFFALO	MÓTORHJÓL
RIGNING	NEMA
BÚAST	DÝR
SJÁLF	LIND
GETUR	SIG
FINGUR	FÖSTUDAGUR
RAUNVERULEGUR	FRJÁLSUM
ÁREIÐANLEGUR	GRASSHOPPER

Puzzle 88

```
T U I G L B F F D K Y L U H G
O J R P I E L J E A Z P P L L
R Y W K K Y G A D N U L P Æ E
U V G Q I L N G N S U Z R J Y
K R K V M B J M J D O A U A M
S H E L L I R G E U A O N N T
Ö T F Y L G J A S T M O A D X
L R R U T S O K L A V E V I O
F Y A A N Á H H F N Y Y B B N
I Þ W U N F A A P N A N N I
U H P S E M L U M X Y Ð W O A
R L Y J U H Ó S V A R R K B D
I E V B P J Ð T H S M I Z O L
M T I G E R O W K L G R W S S
```

TIGER
FLÓÐ
VALKOSTUR
BLANDA
HLÆJANDI
FYLGJAST
INNAN
UPPRUNA
HFYRT
ÁNA

LEGGJUM
MIKIL
HAUST
GLEYMT
STRAUM
FLÖSKUR
HELLIR
AÐRIR
LUNDA
ÞARF

Puzzle 89

```
S  J  O  P  P  U  N  A  J  B  S  U  W  X  B
V  I  R  Ð  A  S  T  B  N  U  T  N  N  E  M
Z  U  R  A  Ð  I  E  V  A  N  A  H  S  A  F
Ú  T  B  R  E  I  Ð  S  L  U  F  L  Y  T  S
O  F  M  K  H  M  R  Æ  Ð  A  S  E  D  S  T
T  G  Q  F  S  M  A  Y  T  Z  E  Y  G  Æ  E
Z  R  N  Z  V  A  V  N  K  L  T  F  R  N  R
Þ  Z  M  Q  V  N  O  Y  D  L  N  I  E  L  K
U  U  U  Q  C  A  Y  G  E  L  I  N  Ý  S  T
G  X  R  H  Y  Y  R  I  C  B  N  X  Q  C  J
L  U  D  F  T  R  C  K  Z  P  G  E  H  Q  C
E  Ð  L  I  A  N  Æ  H  Á  F  R  Æ  N  K  A
F  O  R  E  L  D  R  I  H  R  O  P  U  H  F
A  Ð  F  E  R  Ð  R  E  G  L  U  G  E  R  Ð
```

FASHANAVEIÐAR	EÐLI
REGLUGERÐ	ÚTBREIÐSLU
VIRÐAST	VARKÁR
ÞURFA	LEYFI
FRÆNKA	HÆNA
RÆÐA	MENNTUN
STAFSETNING	AÐFERÐ
SÝNILEG	SJOPPUNA
STERKT	NAMMI
NÆSTA	FORELDRI

Puzzle 90

```
M H N S T A N N B U R S T A R
E E X H K V A N D R Æ Ð U M Á
S R I Ó W Ó D J X M E Q N S Ð
T B C D A V L L Ó J K O E Á A
B E X Ý X G Y A V A R M A T S
S R Ð R A G P X T X D I R T T
I G D U D S Q M R Ö J O G M C
B I Ý N K O S T U R S W S Á G
O Y R R R A O R T H Z K W L U
L Z M Ö P X G O S P T J U A E
L P Æ J F J K T K V S O I N L
I Z T T E N T S E R E G L A A
R M U S V Z G F R E L L E F U
J B Y A I I C L Í K O R N I X
```

SÁTTMÁLA
ÓDÝR
BOLLI
MEST
ÍKORNI
SKÓLATÖSKUNA
GARÐ
HERBERGI
KOSTUR
RÁÐAST

KJÓLL
VARMA
TANNBURSTA
STJÖRNUR
ELLEFU
THUMP
DÝRMÆTU
REKSTUR
VANDRÆÐUM
REGLA

Puzzle 91

```
M  M  I  T  T  R  W  E  K  K  Æ  R  I  N  P
E  I  M  E  B  É  I  I  R  A  D  N  U  T  S
M  F  C  K  H  T  W  N  S  U  L  T  H  Z  U
S  E  R  I  T  T  Æ  H  T  N  S  K  L  I  A
P  F  N  I  S  U  E  V  Ó  D  Ú  S  Ú  E  F
O  J  R  N  X  R  Q  E  Ð  A  P  A  B  N  A
R  Ó  A  W  I  Q  N  R  V  N  U  M  C  I  N
B  L  B  X  J  N  V  S  Q  T  K  Þ  G  T  P
R  U  Z  M  J  V  G  S  Q  E  O  Y  Y  N  Q
A  B  L  L  A  Ð  A  T  S  K  D  K  L  E  A
U  L  Z  E  Q  M  R  A  D  N  N  K  E  L  V
T  Á  L  H  R  L  I  Ð  L  I  U  I  Y  A  V
M  I  L  L  J  Ó  N  A  D  N  E  R  F  V  A
L  F  J  B  K  V  Y  R  Y  G  N  C  A  Q  Y
```

STUNDA
BARN
KÆRI
STÓÐ
HÆTTIR
MITT
SPORBRAUT
FJÓLUBLÁ
SAMÞYKKIR
MENNING

AFA
RÉTTUR
LEYFA
EINHVERSSTAÐAR
VALENTINE
UNDANTEKNING
STAÐALL
KALKÚNN
MILLJÓN
SÚPU

Puzzle 92

```
S B X B R Q O I N P F A F Á S
W K R S P E C Z E Í A Ð K H E
K F J Z M A I V F A C S H U B
E Q Y Ó O Ð X K Í N T T A G R
Z R D O T U Q Q N Ó O O G A A
Y C S C G A J T H I R Ð N M H
P L A Y E R R B Q D N A A Á E
B T Ð D A S I I P N I G Ð L S
X K E R A F T T E Y A H U H T
W G L C B R S T Q M J W R C U
I B S B Q Æ Y Æ Z G H B E B R
Á V Ö X T G S M L U X W T L N
Y W I R T U S W P H Q Q V V V
G A M A N R F R A M L E I Ð A
```

HNÍF
SEBRAHESTUR
GAMAN
SLEÐA
SKJÓTA
AÐSTOÐA
FRAMLEIÐA
FACTOR
FRÆGUR
ÁHUGAMÁL

MÆTTI
PLAYER
RAUÐA
HAGNAÐUR
PÍANÓ
REIKNING
MEIRA
HUGMYND
SYSTIR
ÁVÖXT

Puzzle 93

```
V M F D D B N T C K U A A M J
V Ö E P F Y C M J Ö R Ð F Y T
K B R A J L I K S P U A L H R
R P H U G Ó O Ó W S K R B R I
W L W T B T D T Z I Ú H R S F
D Á Z W V Í Y O T Y J S J J S
V S E I G A L K M X M G Ó J N
P S A S U B M L J G I N T N O
G D S D S P N C B V K I A Q W
N A L G E R G Ö L I L N Q J D
H I L Ó K S Á H C T I T Y X R
L S G N E T P D D U S U T X O
K Y L I G U Y G V R A L J Y P
W I Y G E L L A F Q S F D S S
```

HLAUP	EIGIN
FLOTT	BRJÓTA
FLUTNINGSHRAÐA	SILKIMJÚKUR
HÁSKÓLI	SKILJA
FALLEG	PLÁSS
VITUR	SNOWDROPS
VÖRUBÍLL	TÓL
TENGSL	TÓK
EIGA	JÖRÐ
LÖGREGLAN	DAISY

Puzzle 94

```
N  K  F  X  B  E  B  Í  B  C  O  R  J  R  T
C  W  E  U  Q  K  I  I  S  Ú  U  K  K  Y  D
T  T  T  U  N  R  I  L  H  R  R  C  H  N
F  R  E  S  T  A  T  J  S  O  O  A  T  A  B
D  D  F  U  N  J  A  A  D  R  I  K  V  F  E
S  E  F  Y  B  Ð  S  C  M  U  C  S  K  E  B
I  K  J  T  E  I  T  B  G  D  C  N  Z  Í  Ö
O  S  Q  L  X  M  V  F  R  L  F  Æ  Q  K  R
C  G  E  P  K  R  E  Y  N  A  Y  P  N  Q  N
U  U  E  I  D  N  U  S  F  T  B  S  F  B  U
H  T  M  U  N  I  Ð  R  A  G  A  R  Ý  D  A
N  A  L  Ð  E  T  H  Á  R  G  T  T  L  P  B
G  R  E  I  N  P  O  V  M  U  B  I  H  O  T
U  Á  V  Í  S  B  E  N  D  I  N  G  A  R  I
```

BATA
BAUN
ÍSHOKKÍ
SEINT
REYNA
ÁRATUG
BÖRN
MIÐJA
VÍSBENDINGAR
VOPN

SUNDI
EÐLA
ALDUR
BÚR
HÁR
SPÆNSKA
GREIN
BIRTAST
FRESTA
DÝRAGARÐINUM

Puzzle 95

```
P O S T M A Y E C A L P S I D
S A D L A H J L H C L A M P I
P K F L R N A D L A F N I E V
S K J V T F V U Q I N N R I E
H H H Ö E M F R Ý D Á D A Z R
Y Y K C L G K P E D J M U M Ð
K J A R R D A T C U T Y S L U
A R A N Q R U L Ó L Í K I R R
T F R R J Z V R E G B E H C W
Á Q N U R H G Z Y I F R A H N
G R O B Ð U F Ö H F Ð Ú B Í Q
Ð G M S B A N V Æ N W A I P V
Á V F N J H L T T T K T X B I
R M K X M O Y G T F Z A F C L
```

BANVÆN   SKJÖLDUR
HRUN   POSTMA
GLAÐUR   KJARR
DÁDÝR   LAMPI
AFVEGALEIÐA   TJÁ
ÓLÍKIR   HÖFUÐBORG
HALDA   ELDUR
INNRI   RÁÐGÁTA
VERÐUR   DISPLACE
ÍBÚÐ   EINFALDAN

Puzzle 96

```
T  L  L  I  V  Þ  B  J  J  D  W  U  D  F  X
S  O  J  V  X  O  I  D  N  I  G  Æ  Þ  M  K
I  B  M  B  K  L  R  R  Ö  R  L  E  E  K  F
L  K  B  M  O  A  G  B  Y  X  S  S  L  E  Á
N  G  G  N  U  K  Ð  Ú  M  A  S  M  A  V  T
Ó  O  P  Y  N  R  I  K  A  N  Í  N  A  E  Æ
T  D  M  G  I  E  R  D  L  A  T  G  T  S  K
Ó  R  E  G  L  U  L  E  G  A  B  F  T  P  T
H  E  I  Ð  U  R  S  M  A  Ð  U  R  Á  U  H
Ú  T  F  L  U  T  N  I  N  G  S  K  I  C  U
H  R  Æ  D  D  U  R  V  N  J  I  K  A  D  L
V  M  R  L  K  P  W  Z  J  Y  J  W  X  U  U
C  N  S  K  E  L  H  X  U  U  V  X  R  K  P
J  J  J  L  T  E  C  C  W  C  U  M  W  R  B
```

ÁTTA	BIRGÐIR
ÞOLA	LEEK
VILLT	FÁTÆKT
TOMMUR	KAUP-
KANÍNA	RÖR
ÞÆGINDI	TÓNLIST
ÚTFLUTNINGS	SKEL
SAMÚÐ	HEIÐURSMAÐUR
VESPU	HRÆDDUR
ALDREI	ÓREGLULEGA

Puzzle 97

```
K P B H S I L P M O C C A J L
G R E L G J G M W E I P X A D
R Q A L F M Ó A D I Q F S N C
M S R K N N I Ð A T S A M K G
D A U Y K Ó S K U A V F A H E
R G G O G I G B Y R I O M Ö W
A W N N I Ð N A Ð U R P O N B
G E A S I N R E Ð Í V G K D R
A M G E L I N Ý S Ó S F M L O
J L N S K Y N D I L E G A A T
H F N R E I K N I V É L S H K
D S I Á S T Æ Ð A N S E U V R
V E Ð R I Ð X I Z Z I M M F D
N S P M U Q O V V F I G A V Q
```

INNGANGUR   VÍÐERNI
KRAKKI   ÓSK
VEÐRIÐ   HÖNDLA
BROT   MAGNI
SAMKOMA   ACCOMPLISH
ÁSTÆÐAN   STAÐINN
GLER   ÓSÝNILEG
IÐNAÐUR   REIKNIVÉL
DRAGA   SJÓÐUR
GOGG   SKYNDILEGA

Puzzle 98

```
Y Q E B Z C A R E L F W I I Þ
D L L Ú N K K F Y Q I I A J R
M L B Z N K Ú J Ð C J D X R Ý
Y I K K F Z C R A F I R K S S
T V N Y R K G Z E N A F X C T
U U A N R L R O O K K O X P I
T I B P I F Ó T U M I Á X Q N
T Q A R F H C O W A R D T P G
U Z I Q A R Á O O N Y Y R D U
G D D H J G Y T X C B I Ý V R
U C E H G N I N T E S L D Q F
Y L M O V O J U I A Ð Í R B Æ
P B L L I A V G J M R R J E D
W H N A G E L U N Ó S R E P D
```

COWARD
KÚREKI
SETNING
GJAFIR
PERSÓNULEGA
DÝRT
TUTTUGU
VILL
SKRIFA
ÁRA

ÞRÝSTINGUR
RÍÐA
TÁKNA
MINNIHÁTTAR
MEDIABANK
FÓTUM
NÚLL
FÆDD
EYÐA
HOLA

Puzzle 99

```
J  Ð  R  E  F  Ð  E  M  S  L  Á  M  S  K  Ý
B  I  M  P  Z  O  Þ  Y  K  K  U  R  X  W  H
S  U  S  Ó  S  A  R  A  G  R  O  B  M  A  H
V  U  K  S  Ö  L  F  V  L  X  E  V  M  A  H
E  R  N  I  Q  P  Q  C  I  Ý  U  S  I  F  É
R  Ö  H  D  Ð  S  Y  Ð  Ú  T  S  Á  S  T  R
Ð  J  E  N  I  T  T  Q  X  F  N  A  S  U  H
P  F  L  U  S  A  N  Z  L  S  A  I  T  R  E
T  W  G  P  L  O  L  É  V  A  D  L  E  K  L
U  M  A  Q  E  T  D  Z  U  X  V  H  T  A  S
Q  S  Ð  W  G  S  B  D  J  A  W  J  E  L  T
F  H  A  Q  N  K  K  H  Z  M  X  K  O  L  U
W  L  R  Y  A  O  D  Y  N  D  Z  V  W  A  Q
Z  A  F  I  F  O  J  P  L  V  R  P  R  N  V
```

FANGELSIÐ	HELSTU
VERÐ	PUND
AFTURKALLA	SUNDIAL
FJÖRU	MÁLSMEÐFERÐ
FORVITNI	SKÝ
MISST	HELGAÐAR
ELDAVÉL	ÁSTÚÐ
FLÖSKU	LÝSA
HAMBORGARASÓSU	STOAT
HÉR	ÞYKKUR

Puzzle 100

```
P H P V S C D H I I F W J G J
E A K X K Q I R Æ K S P U A H
A N J L R V T S I S L R V G R
C D V J I N S U E N O M E N A
H T F O F N Ó A H N Y L Y V M
P Ö F N B A P G Q A O X U A H
L K J R O G R G X K Y E T R D
K U A Á R L H X U K K R V T W
K O Q Ð Ð L E K A O R D V M U
U G M A I H R B U L H G T A A
Y E N U Ð N H P C F C A F S H
Y B H R U G E L U R E V L H T
V I R K A Æ P O V S N E T L F
L N G Ö G S Ú H B U R T U W A
```

VERULEGUR	PÓSTI
HVER	HÚSGÖGN
FLOKK	GÆS
RÁÐA	LEKA
HALLA	SKÆRI
VIRKA	PEACH
KOMU	SAMT
HANDTÖKU	ANEMONE
KANNSKI	SKRIFBORÐIÐ
GAGNVART	BURTU

Puzzle 1

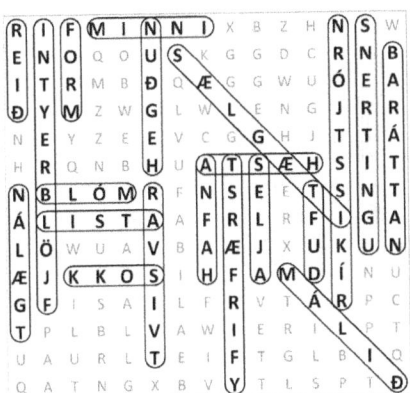

Puzzle 2

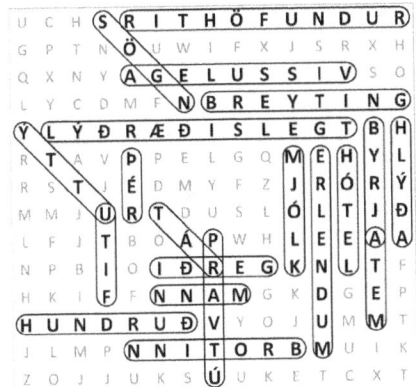

Puzzle 3

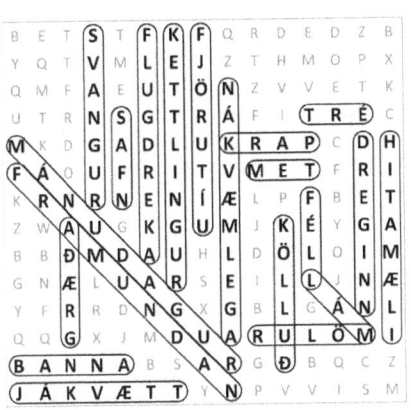

Puzzle 4

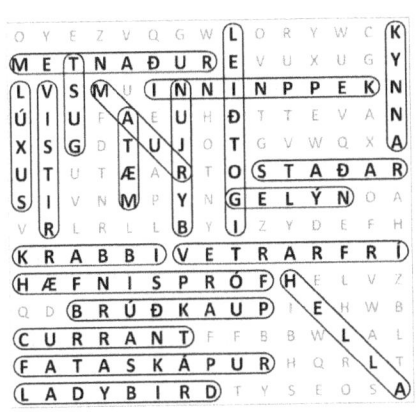

Puzzle 5

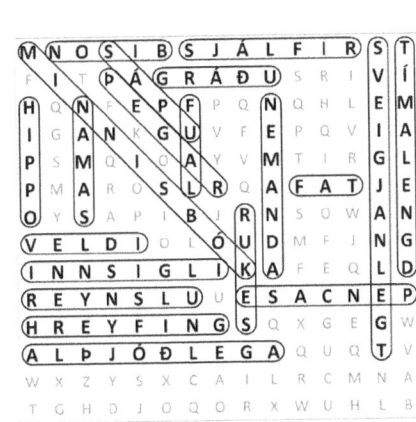

Puzzle 6

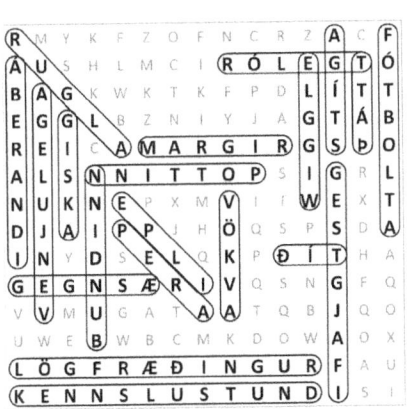

Puzzle 7

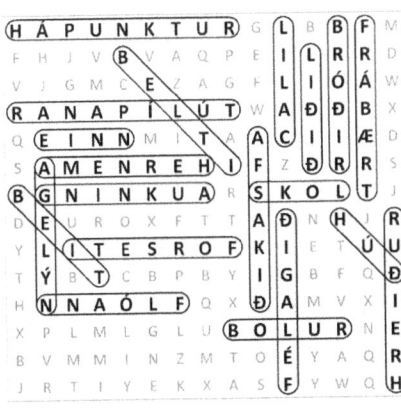

Puzzle 8

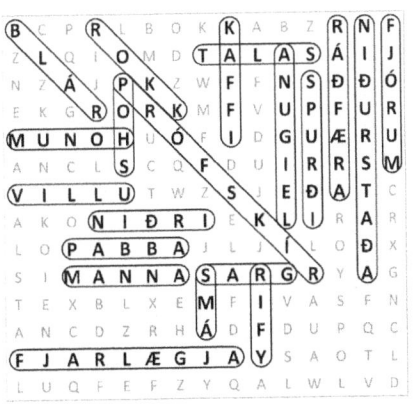

Puzzle 9

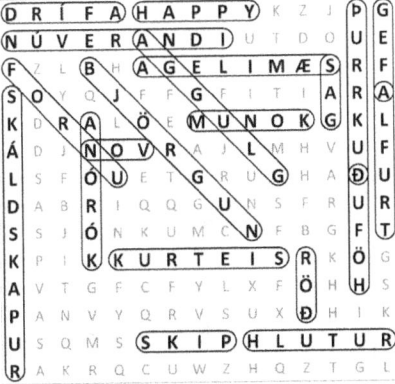

Puzzle 10

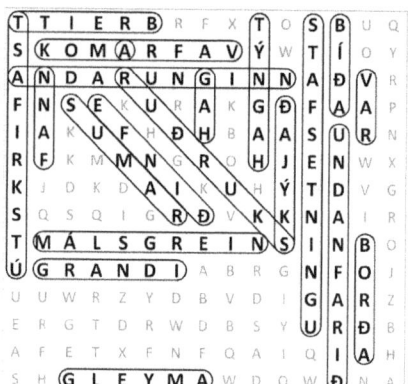

Puzzle 11

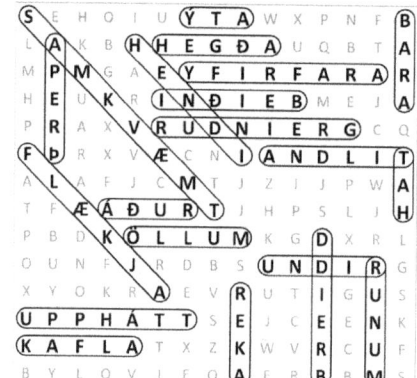

Puzzle 12

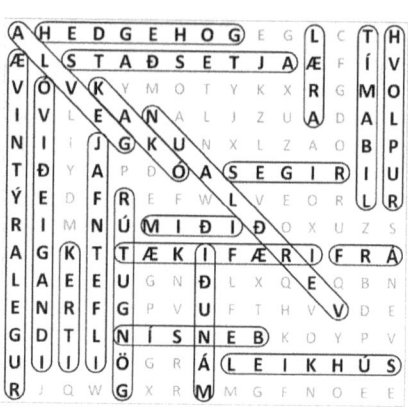

Puzzle 13

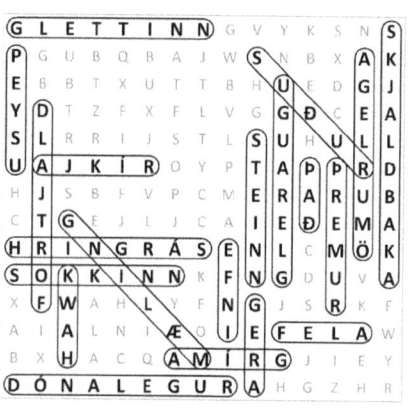

Puzzle 14

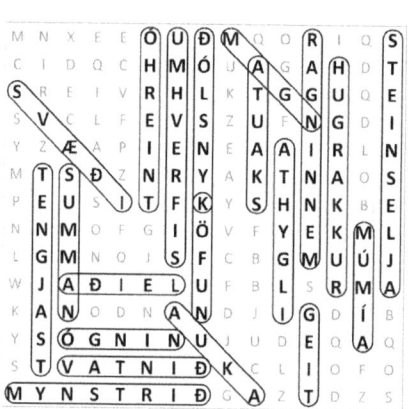

Puzzle 15

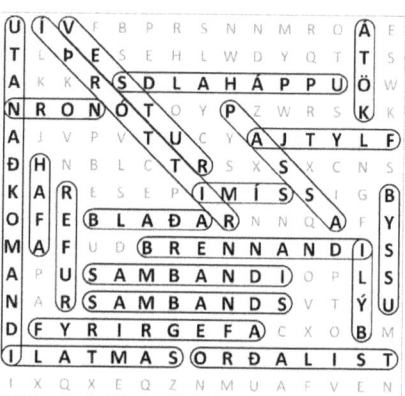

Puzzle 16

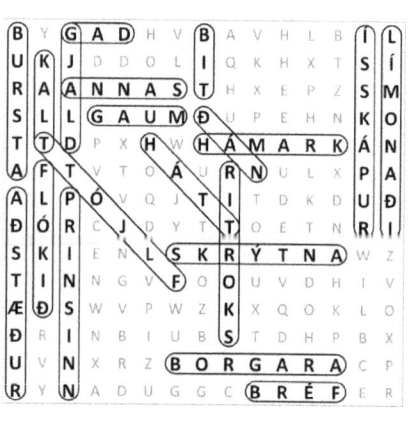

Puzzle 17

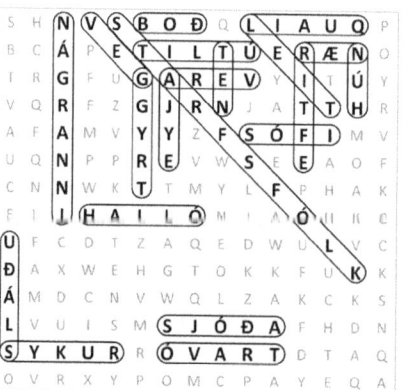

Puzzle 18

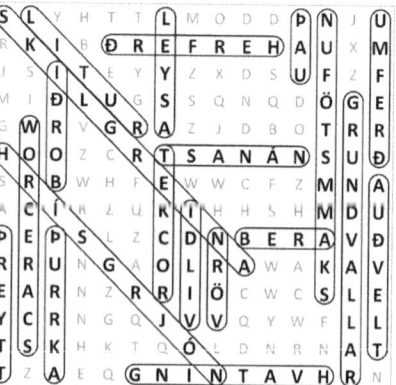

Puzzle 19

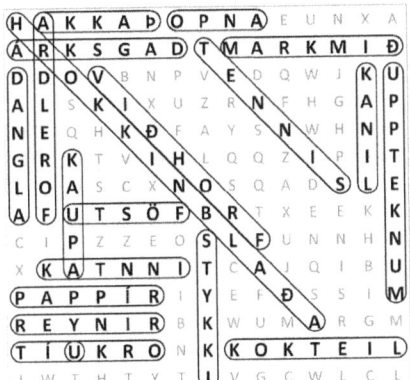

Puzzle 20

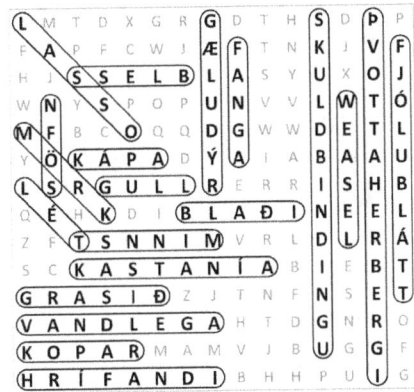

Puzzle 21

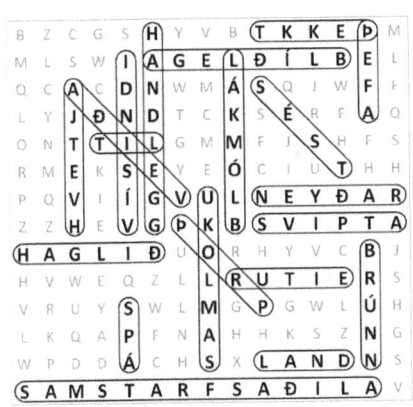

Puzzle 22

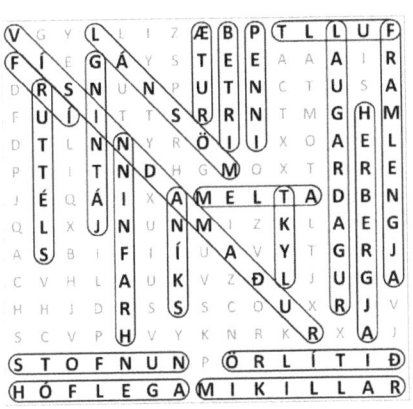

Puzzle 23

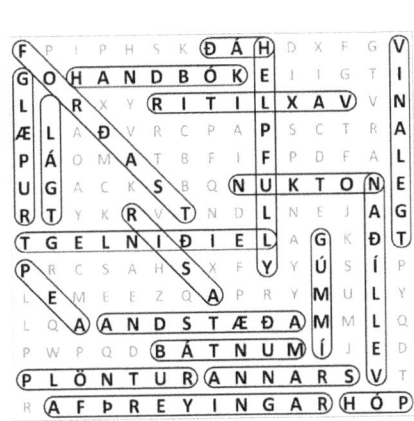

Puzzle 24

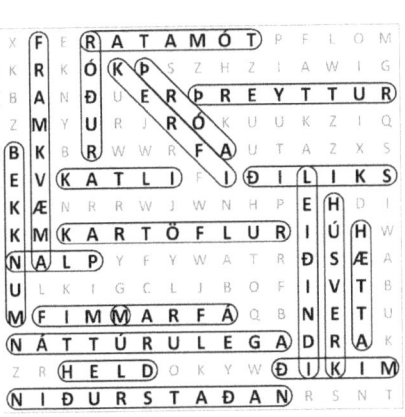

Puzzle 25

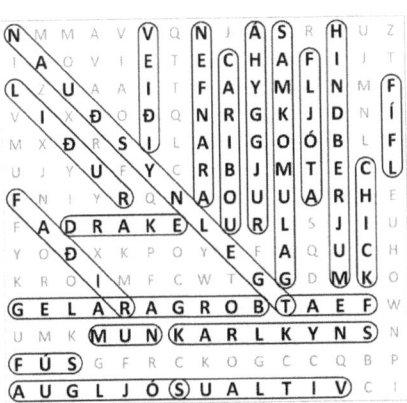

Puzzle 26

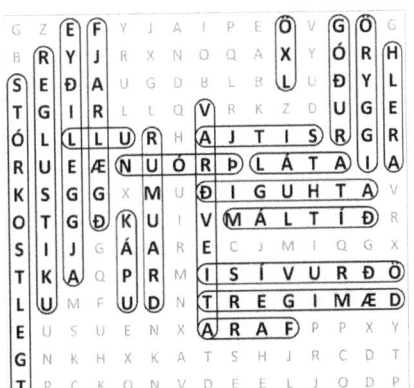

Puzzle 27

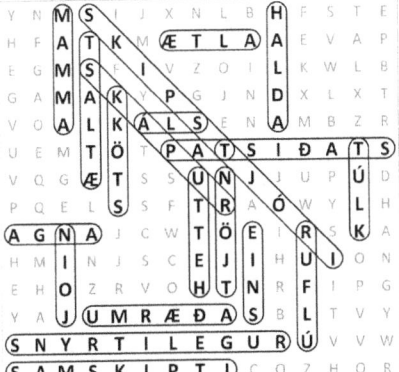

Puzzle 28

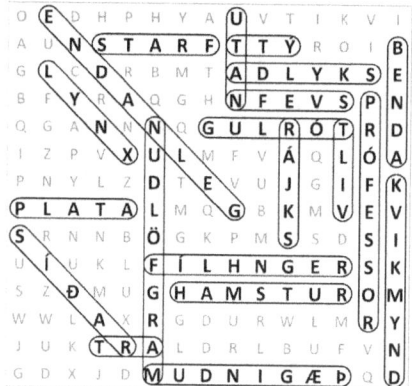

Puzzle 29

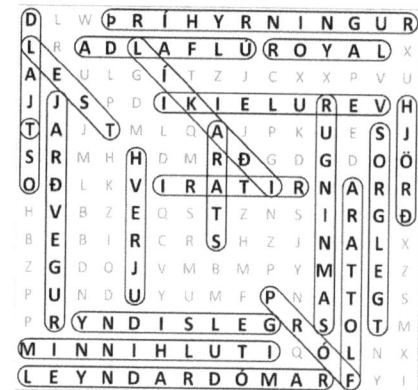

Puzzle 30

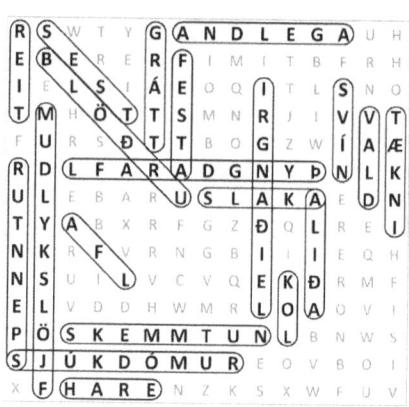

Puzzle 31

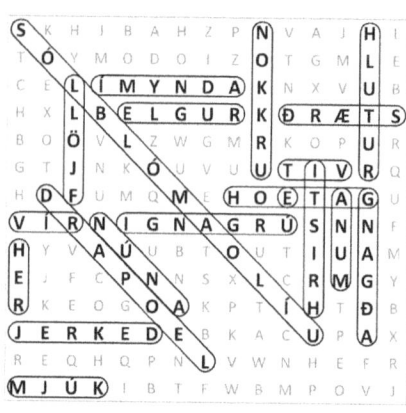

Puzzle 32

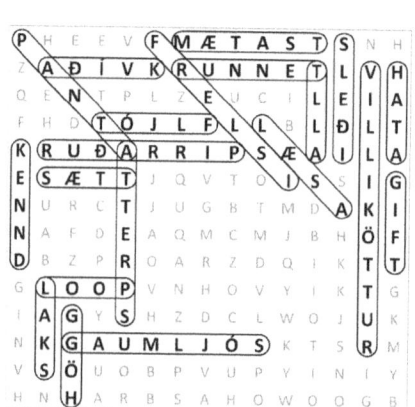

Puzzle 33

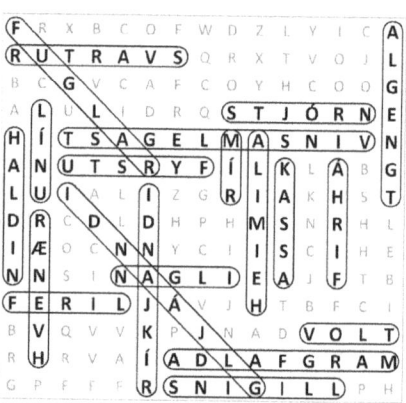

Puzzle 34

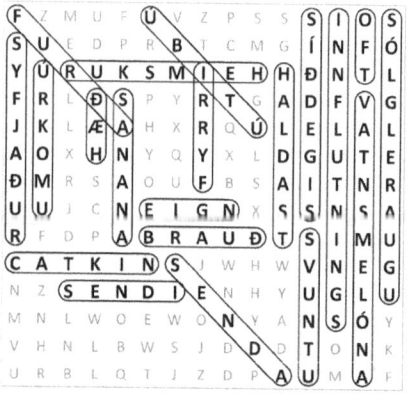

Puzzle 35

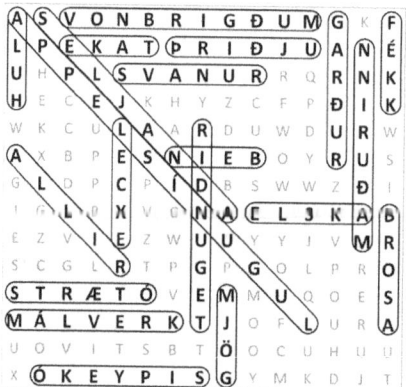

Puzzle 36

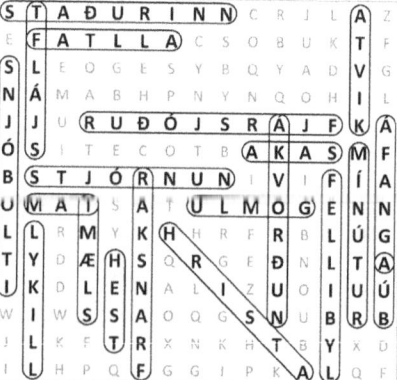

Puzzle 37

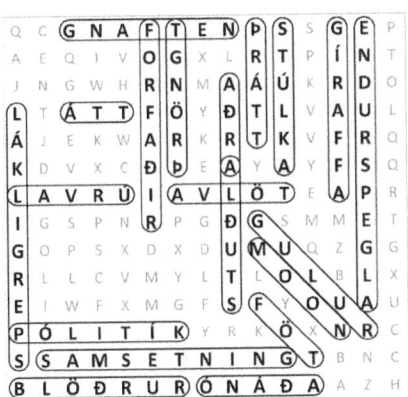

Puzzle 38

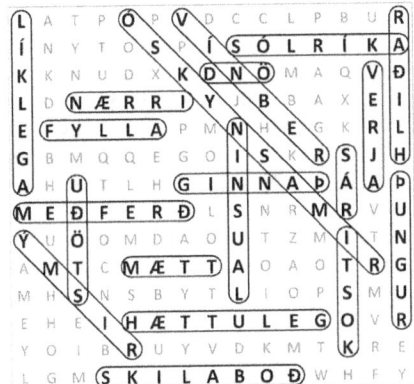

Puzzle 39

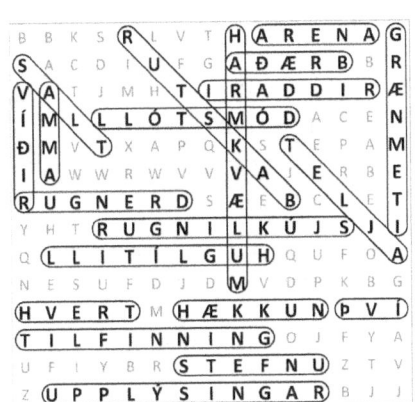

Puzzle 40

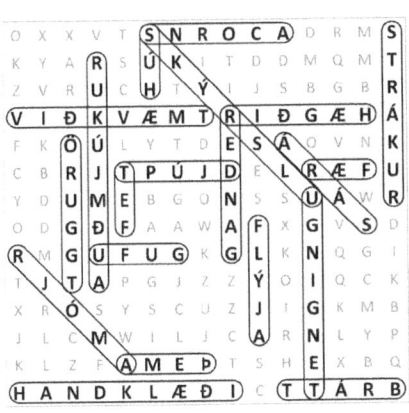

Puzzle 41

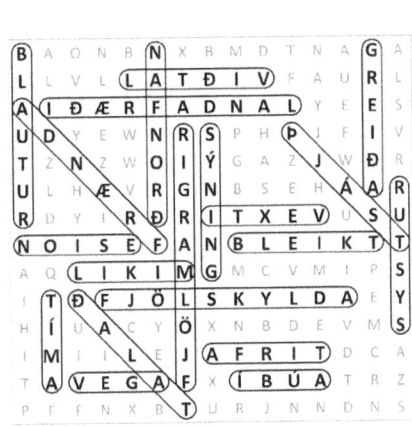

Puzzle 42

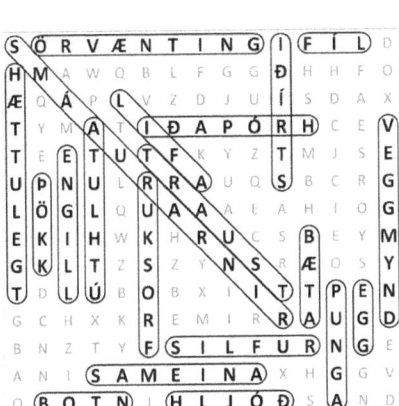

Puzzle 43

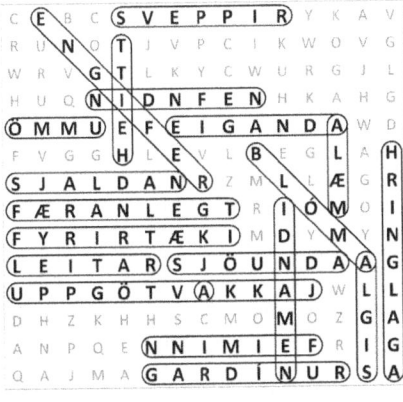

Puzzle 44

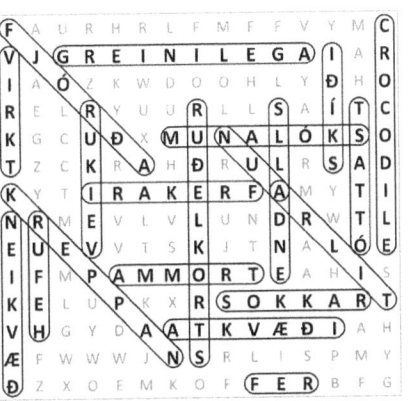

Puzzle 45

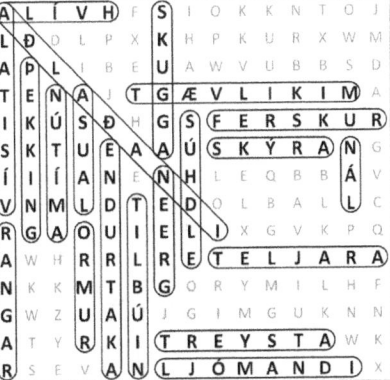

Puzzle 46

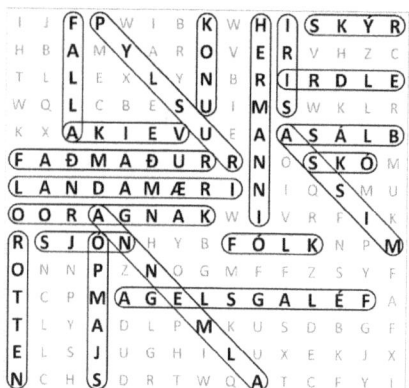

Puzzle 47

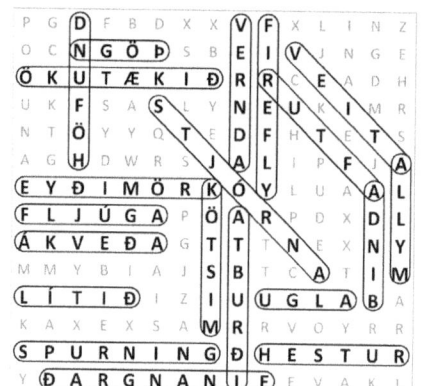

Puzzle 48

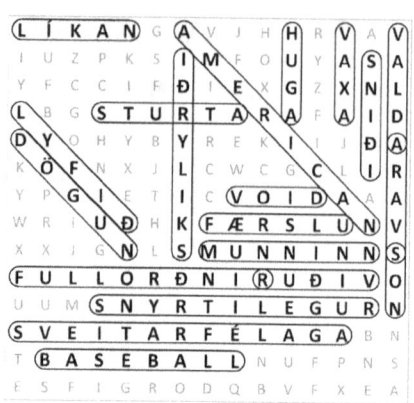

Puzzle 49

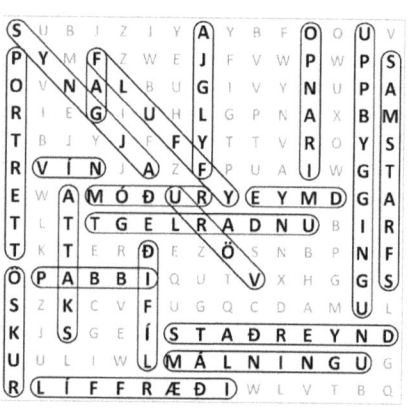

Puzzle 50

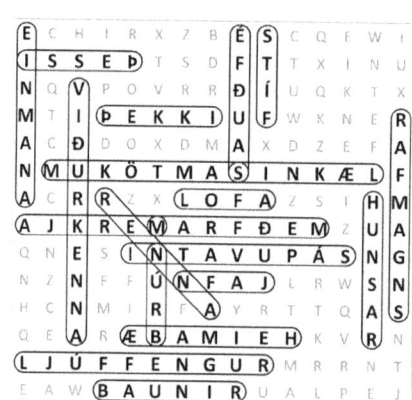

Puzzle 51

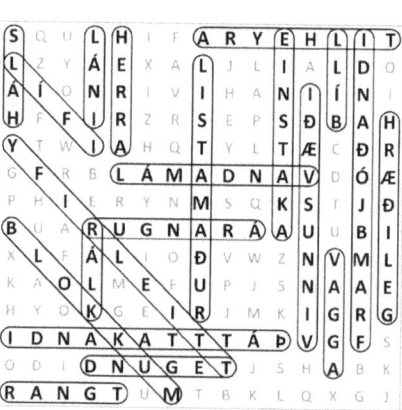

Puzzle 52

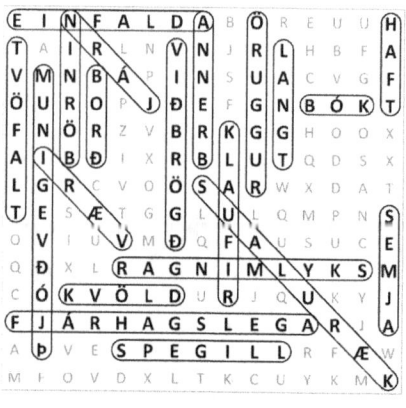

Puzzle 53

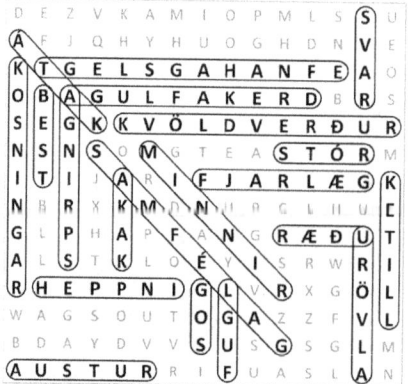

Puzzle 54

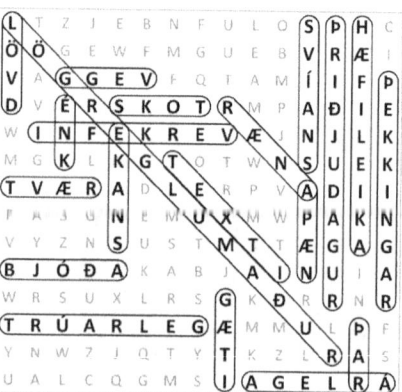

Puzzle 55

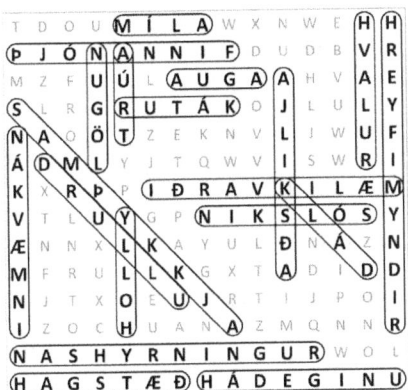

Puzzle 56

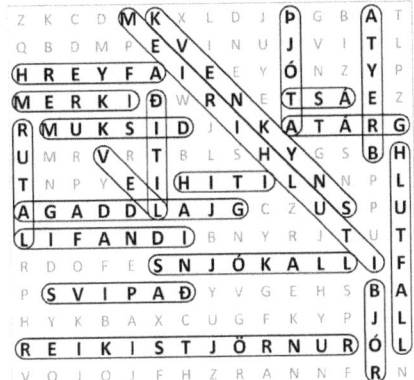

Puzzle 57

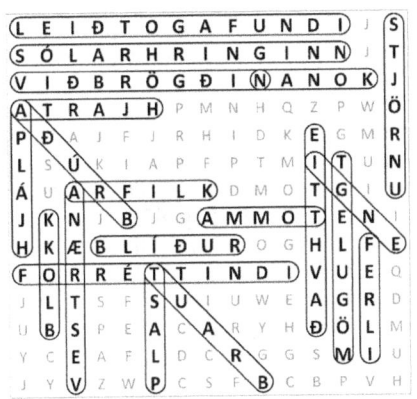

Puzzle 58

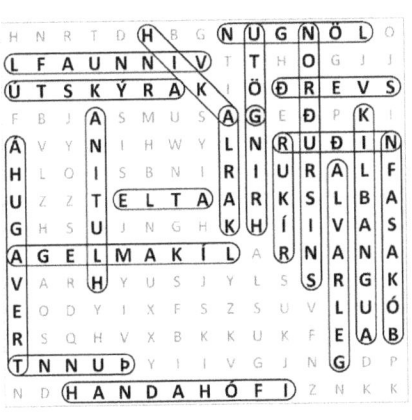

Puzzle 59

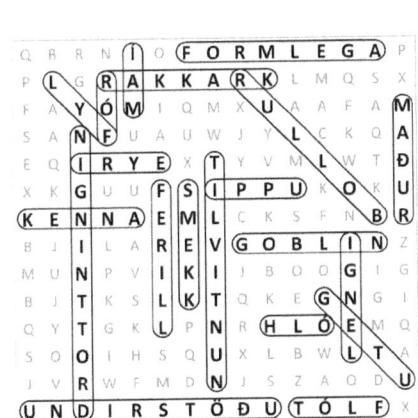

Puzzle 60

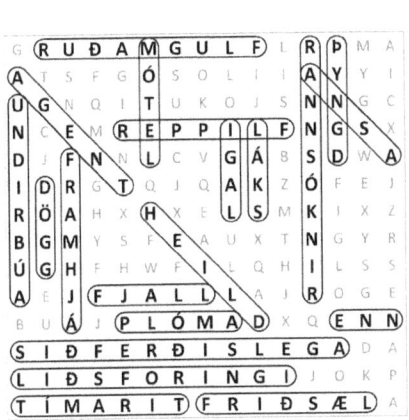

Puzzle 61

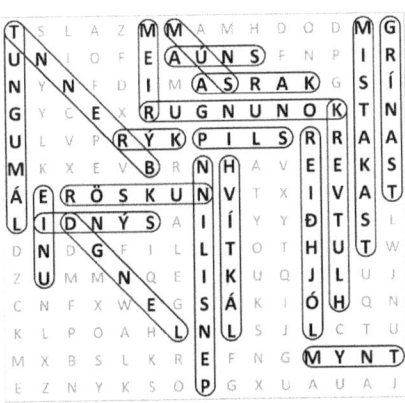

Puzzle 62

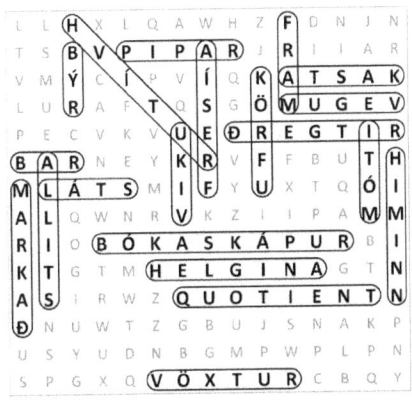

Puzzle 63

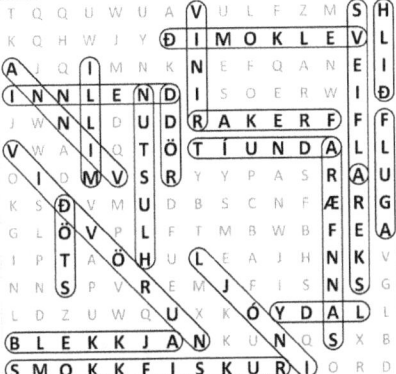

Puzzle 64

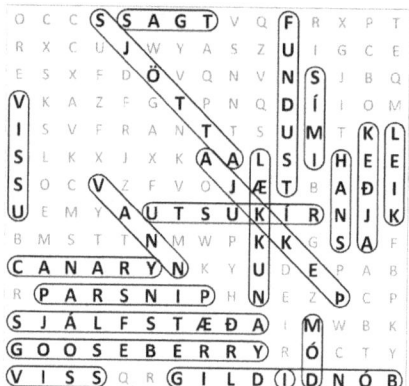

Puzzle 65

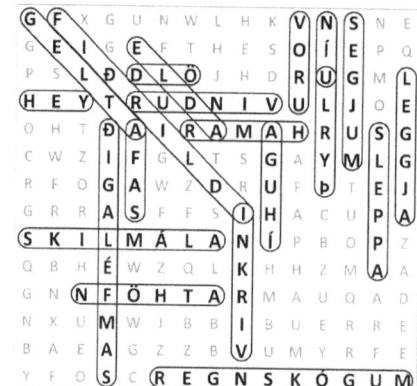

Puzzle 66

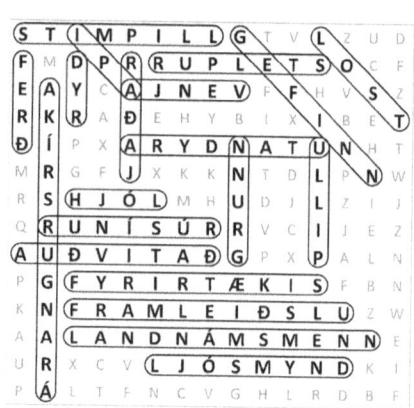

Puzzle 67

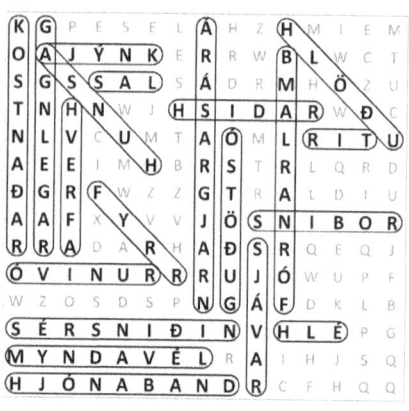

Puzzle 68

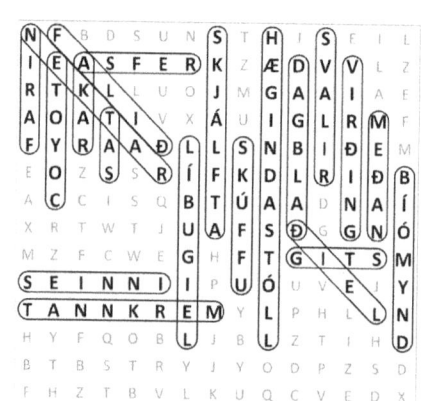

Puzzle 69

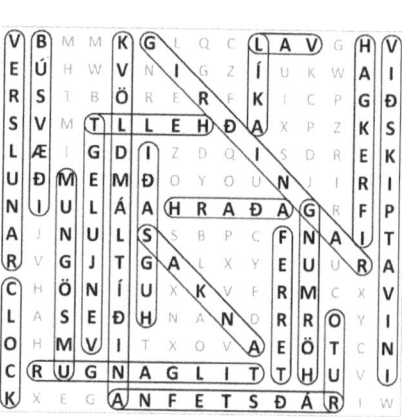

Puzzle 70

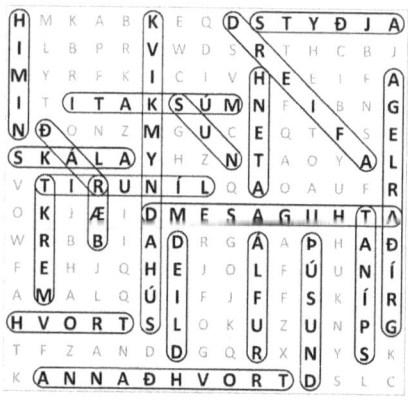

Puzzle 71

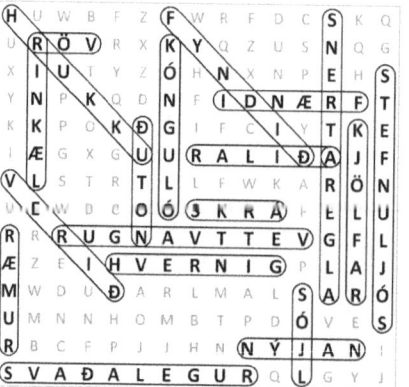

Puzzle 72

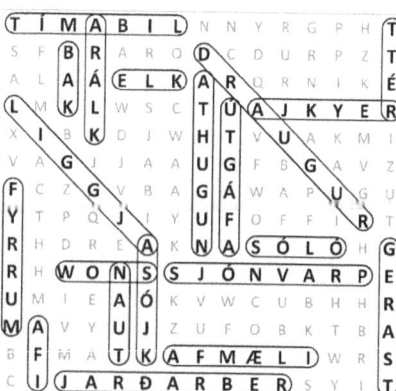

Puzzle 73

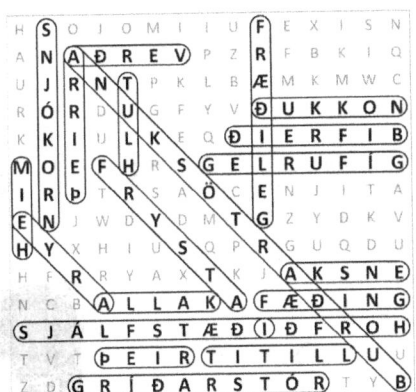

Puzzle 74

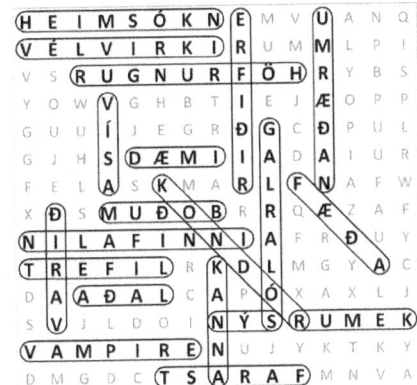

Puzzle 75

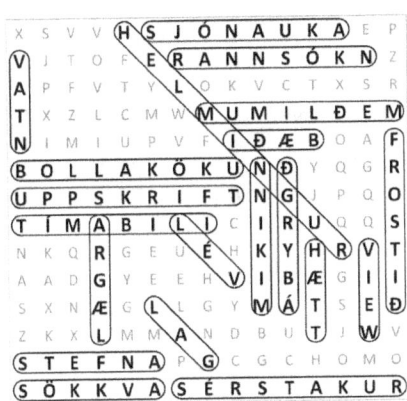

Puzzle 76

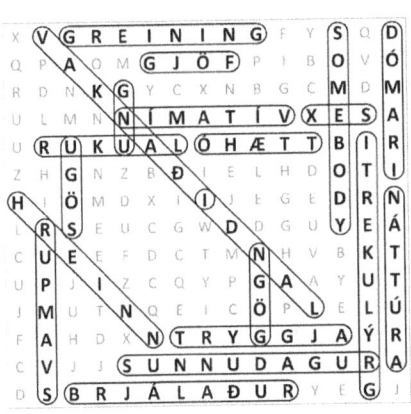

Puzzle 77

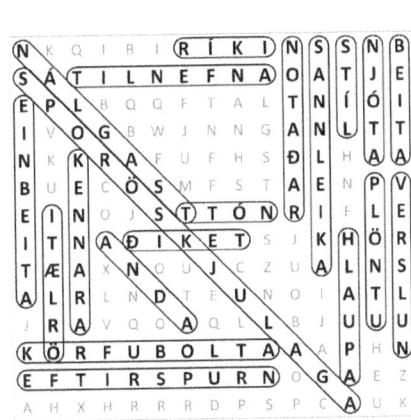

Puzzle 78

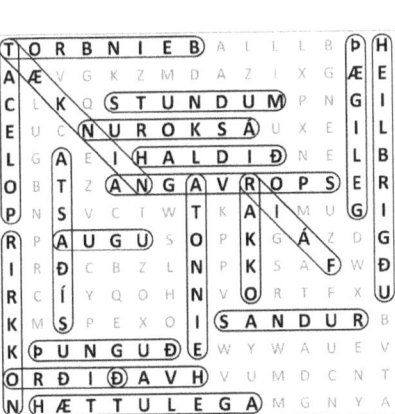

Puzzle 79

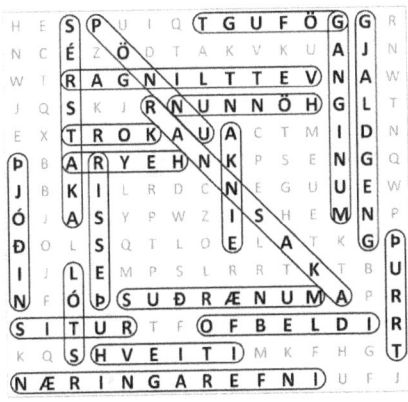

Puzzle 80

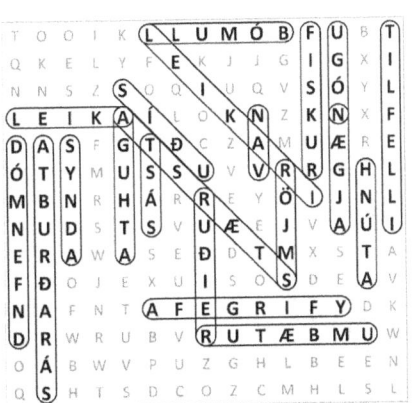

Puzzle 81

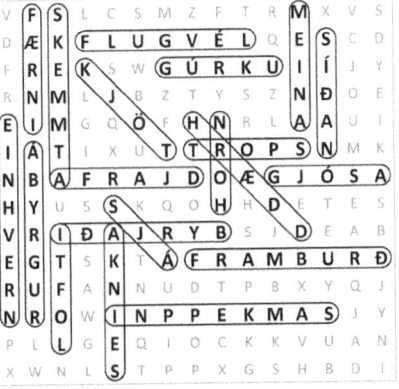

Puzzle 82

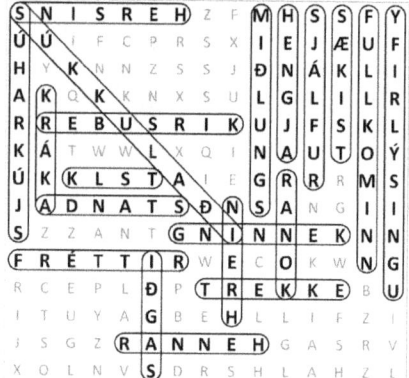

Puzzle 83

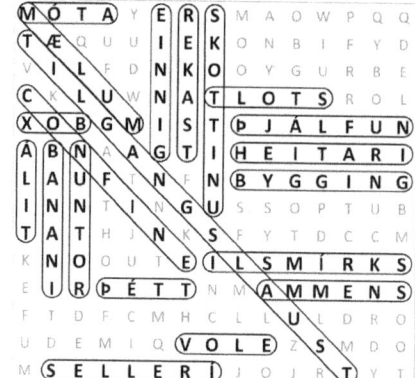

Puzzle 84

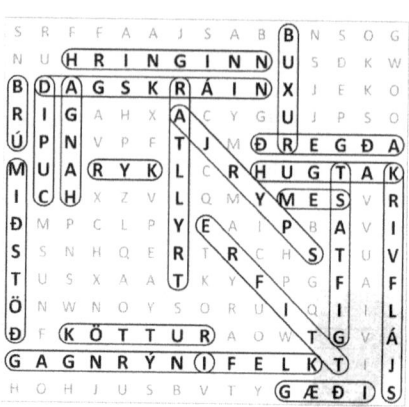

Puzzle 85

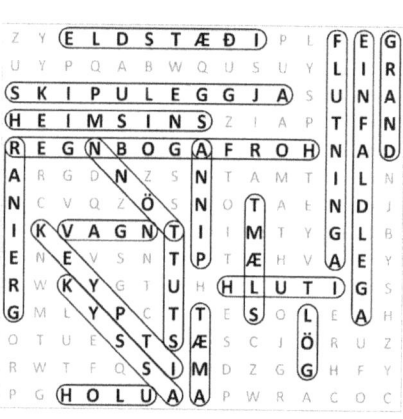

Puzzle 86

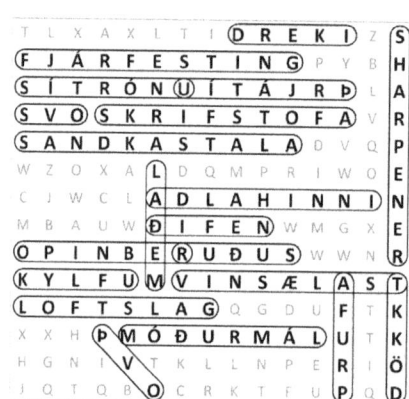

Puzzle 87

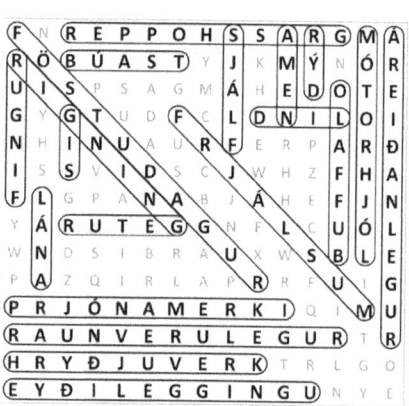

Puzzle 88

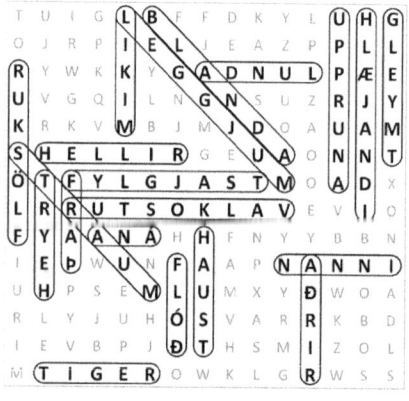

Puzzle 89

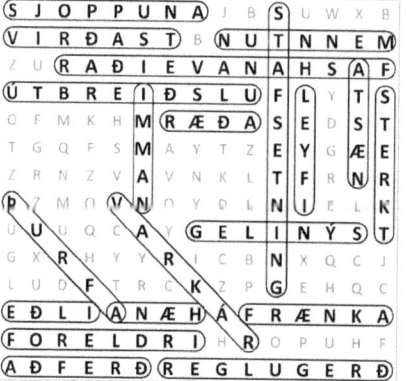

Puzzle 90

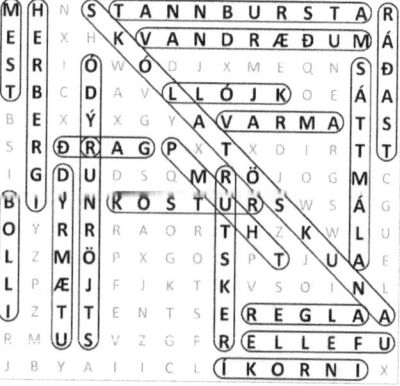

Puzzle 91

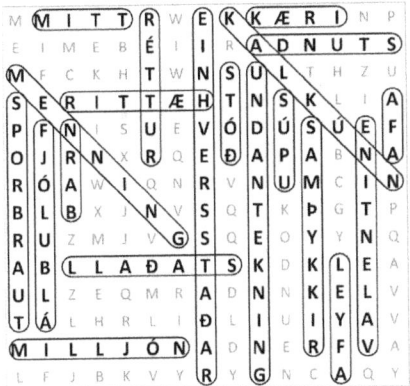

Puzzle 92

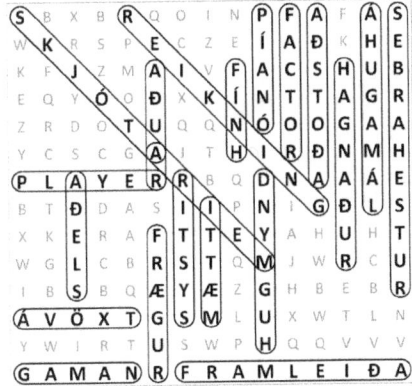

Puzzle 93

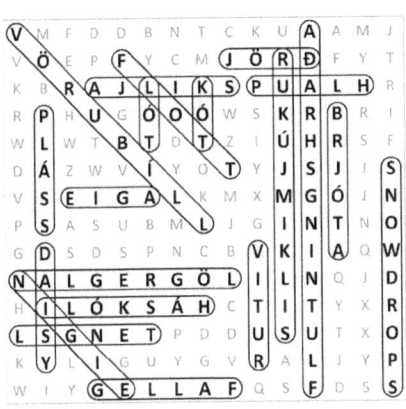

Puzzle 94

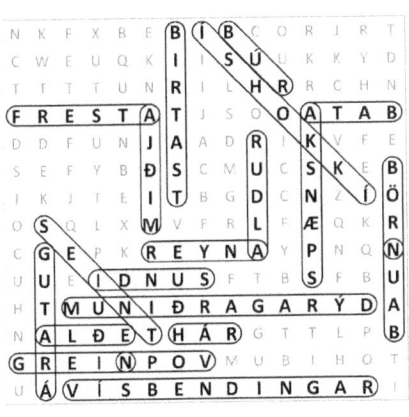

Puzzle 95

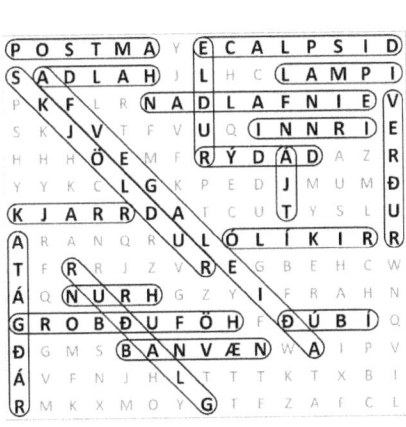

Puzzle 96

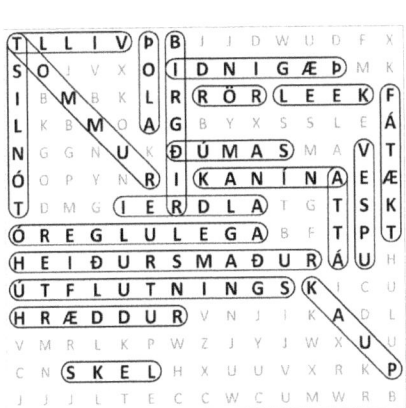

Puzzle 97

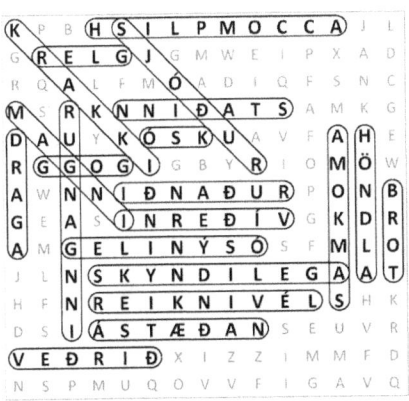

Puzzle 98

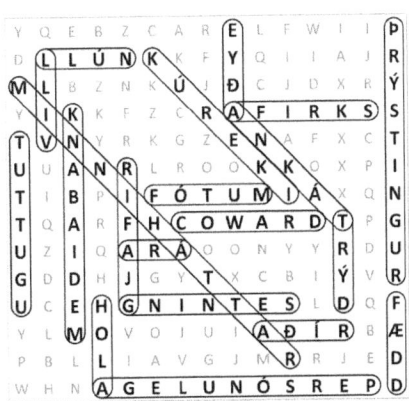

Puzzle 99

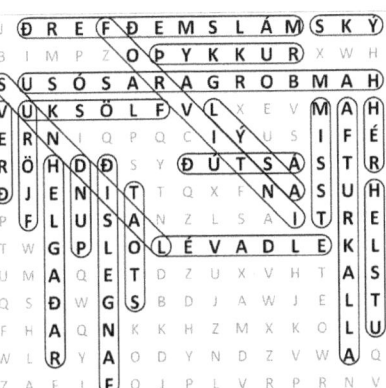

Puzzle 100

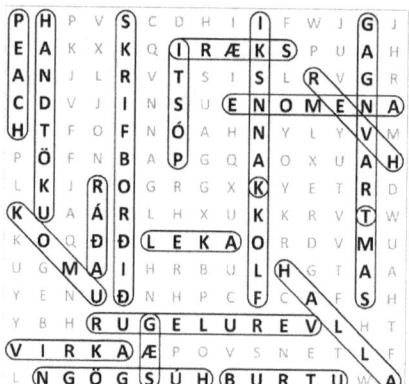

Congratulations

You made it!

We hope you enjoyed this book as much as we enjoyed making it. We do our best to make high quality games.

These puzzles are designed in a clever way to actively spark the brain and make it sharp and quick!
Did you love them?

A Simple Request

Our books exist thanks to the reviews you post on Amazon. Could you help us by leaving a review now?

Here is a short link which will take you to your Amazon orders review page.

BestBooksActivity.com/Review50

MONSTER CHALLENGE!

Challenge #1

Ready for Your Bonus Game? We use them all the time but they are not so easy to find. Here are **Synonyms**!

Note 5 words you discovered in each of the Puzzles noted below (#21, #36, #76) and try to find 2 synonyms for each word.

Note 5 Words from *Puzzle 21*

Words	Synonym 1	Synonym 2

Note 5 Words from *Puzzle 36*

Words	Synonym 1	Synonym 2

Note 5 Words from *Puzzle 76*

Words	Synonym 1	Synonym 2

Challenge #2

Now that you are warmed-up, note 5 words you discovered in each Puzzle noted below (#9, #17, #25) and try to find 2 antonyms for each word.
How many lines can you do in 20 minutes?

Note 5 Words from **Puzzle 9**

Words	Antonym 1	Antonym 2

Note 5 Words from **Puzzle 17**

Words	Antonym 1	Antonym 2

Note 5 Words from **Puzzle 25**

Words	Antonym 1	Antonym 2

Challenge #3

Wonderful, this monster challenge is nothing to you!

Ready for the last one? Choose your 10 favorite words discovered in any of the Puzzles and note them below.

1.	6.
2.	7.
3.	8.
4.	9.
5.	10.

Now, using these words and within a maximum of six sentences, your challenge is to compose a text about a person, animal or place that you love!

Tip: You can use the last blank page of this book as a draft!

Your Writing:

NOTEBOOK:

SEE YOU SOON!

Delta Classics Team

BESTACTIVITYBOOKS.COM/FREEGAMES